Love Education Underground

爱的地下教育

LOVE EDUCATION UNDERGROUND

彭浩翔

PANG HO-CHEUNG

甘肃人民美术出版社

上午第二课 你假装正经 我就假装不正经

小休 短打 2

上午第三课 小三该有小三的雍容

午间 短打

下午第六课 初恋无限好 只要挂得早

辅导班

早自习

推荐序1　江山代有才人出

“答读者来信是件很有趣的事。问和答的互动和化学作用，常会给自己带来新的惊喜；很多时，有人问到，才知原来我是这么想的。

另外，来信的、答信的，素未谋面，但一个知无不言，一个言无不尽，那种信任，和缘分，也难得。”

以上是我在拙作《绝顶爱情》中的一段话。《绝顶爱情》在二〇〇五年出版，是当年香港最畅销的书。那两年，我是个全职的爱情家，晚上在电台主持《绝情谷》，解答听众的爱情问题。又替杂志主持信箱，形式嘛，就跟彭浩翔的《爱的地下教育》差不多。

可能我是前辈，作品也受欢迎。彭浩翔写《爱的地下教育》前，给我传了个短信，问我答读者来信的心得。有人会觉得这样颇唐突，但发生在我和彭浩翔之间又十分自然。他问我，是看得起我，欣赏我的作品，和称赞我没分别。我和他虽然一年才见几回，其中还包括春节在他公司的聚会，但从来，知道彭浩翔是个努力的人。有才情的人，很少这么努力了，我怀疑只有对自己的才情有怀疑的人，才会这么努力。我和他，都疑似。我没有藏私，把自己揣摩出来的一些心得，用短信千里传功。后事如何？彭浩翔接收到多少？算不算对症下药？会不会虚不受补？我都不知道。

忽尔，彭浩翔又来短信，说在内地的爱情专栏反应很好，要结集出书了，想求序。我答应了，他就给我电邮来一大堆稿件，说参考一下才动笔。我当年不再写爱情，就因为写厌了。自己都没有新意了，还骗什么稿费？最好的都已给了读者，就是画上完美句号的时候。厌了写，当然更厌看，所以又一直拖着，直到彭浩翔电邮三催四请，才勉强开了档案看。彭浩翔比我想象中更努力，每封信，他都扭尽六壬，但举重若轻；浑身解数，却一针见血。哥儿们写爱情，走的是一条说多少真话的钢索。说少了，太假，不好看，对读者也没帮助；说多了，血淋淋的现实太残酷，又没有读者喜欢看。游走在真与假的多与少之间，尽量最婉转地说最多真相，就是我和彭浩翔这派的风格。当然，文章要好看，要有娱乐性，不然再有内涵，读者看不下去有屁用？

实不相瞒，我曾经自信地以为，答读者的爱情问题，我之后再无来者。因为我深知只有大材小用，才会游刃有余，才能挥洒自若。看罢彭浩翔的稿件，我知我错了，彭浩翔写得比我还好。我在他的文字中，处处看到了自己。原来总有有心有力的人，替迷失在漆黑中的痴男怨女发光发热。我也放心了，原来我派还有这么出色的一位高手。唯一要寄语彭浩翔的是，这样有水平的作品，无以为继时、干塘时，就要停手，不要坏了一件完美的作品。

解答爱情问题其实像评马。香港有很多马评人，其实他们的“贴士”不算准确，但只要言之有理，对马迷有所启发，令马迷触类旁通，其功德，就远远超过一场半场的胜负。彭浩翔的《爱的地下教育》，既实用，又幽默；既理性，又感性；旁征博引，深入浅出。最难得，是把读者当朋友，当亲人，既爱，又恨。《爱的地下教育》就像个又俊俏，又风趣，又博学，□□□□□□的男朋友。碰见这样完美的男生，通常都是痛苦的开始。但书老实得多，拥有了就铁定一辈子跟你，这一本，更不能错过。

倪震

写于结婚一周年纪念

推荐序 2　给你一记耳光的课

虽然我只有隔着大屏幕，当过他一个安分的观众，却意外地得到为他新书写序的邀请，高兴之余，确实是有点受宠若惊！至于彭导演本人是如何如何……抱歉无缘和大家分享，皆因我们暂时缘浅……但可以肯定告诉你（或根本不用我告诉你），他确实是个才华洋溢、聪明过人的才子。从処女作《买凶拍人》到《伊莎贝拉》到《志明与春娇》，都能看出他独特过人的风格。

这本《爱的地下教育》，光听书名就令人血脉沸腾。

你可以不认同他说的，就如艺人的地下情不被接纳一样，但他们是没有错的。

你可以说他的话偏激，就如地下乐队的乐与怒音乐一样，不喜欢是你不会欣赏而已。

很明显，这里不会有父母教你那一套。话虽如此，却不难看出他的苦口婆心……毕竟，在这个残酷的社会里，不是每个人都拥有崇高的情操、高贵的心灵，总要有一两个非常诚实又有点毒的人在你左右，随时给你一记耳光，把你及时救出火坑。

各位情海翻波的痴男怨女们，在爱了无数个，上了无数课之后，不如上一课《爱的地下教育》，看看以前的学费是不是都白给了呢？

梁咏琪

推荐序3　现代才子

认识彭导演，是从《大丈夫》、《公主复仇记》、《破事儿》等，印象中的他，架黑眼镜，神情饱满，加上看完他的电影，更感他是位带点色情的艺术家。直至他找我倾谈《志明与春娇》的剧本，才发现对他确实主观了。

彭导演的真身是个大细路[1]，充满幽默感，说话动听，从剧本对白当中，更发现他对于谈情说爱的独特见解。还有一个更大的发现，原来他不只是个编剧及导演，更是位爱情性爱顾问，读过这本《爱的地下教育》才了解到，他并不色情，而是对于两性间相处，有一套摩登的程序。

阅读他的文章，是一种享受，用字到肉之余，又不失修养，唯希望他会为自己过分的一针见血而偶尔斋戒，以补偿其口德。

彭浩翔令我改观。现代才子，不再是左手摇红酒杯，右手拿雪茄，而是左手一瓶花旗参茶，右手一包么凤[2]。

杨千嬅

1　大细路：粤语“大小孩”。

2　么凤：香港老字号之凉果零食店。

推荐序 4　我的第一篇序

这是我第一次写序，也是为一个素未谋面的导演，这是一件很有意思的事情。

我们认识，但是没见过对方。

我从许多的电影慢慢认识他，他的作品我几乎都看过，觉得他是一个很有想法的人。

《买凶拍人》——当时的我年纪还比较小，看不懂影片叙述的故事。真正喜欢上彭导是因为《出埃及记》和《破事儿》，接着找来《AV青春梦工厂》及《伊莎贝拉》。

其实回看过去，他的电影陪着我成长了一段时间。从《买凶拍人》、《大丈夫》、《公主复仇记》……这是我后来才知道的。

说来也巧，自从有了微博之后，人与人的沟通方便了许多，我们也就这样认识了。虽然有几次错过的见面机会，但还有很多时间，我相信我们很快会见到的。是吧彭导？哈哈。

很荣幸彭导邀我为《爱的地下教育》写序。希望大家能从这本书里受到一些教育。

周笔畅

很晚才交货

早操

自序　隔墙酬和都胡侃　你来寂寞我回嫖

1.

要不是美丽的张优优小姐，我压根儿没想过出版这样的一本答信集。

二〇〇九年八月，我为首本于内地出版之短篇小说《破事儿》往上海做宣传。从浦东机场到威斯汀酒店的路上，编辑优优跟我聊起，说早前在博客看到我回复一位长沙 Tomboy 读者的电邮，这让她想起上月陪我于北京做采访，及听我在讲座上答读者提问时，都发觉我有张贱嘴毒舌。我一时间不确定，她这样说，对我是褒是贬，但她认为这种侃大山都很有趣，因此建议我不如开个答读者感情问题的专栏。对此，我一开始是抗拒啦，偶尔跟人耍嘴皮子扛下可以，但要认真去答信，倒是另一回事。不过她建议可先在博客试一下征信，看了来信反应后再说。于是在那程车上，专栏就酝酿起来。着实要感谢她，因她发掘了连我自己也没留意到的天赋。毒舌难得觅到知音，有人既能懂我的毒，亦欣赏我的毒，并努力将之推广出去，也算个毒品拆家[1]吧。

2.

说起来，我是看这类答信专栏长大的，算个根正苗红吧。小时候就常偷看母亲及姑姑的《姊妹》杂志。当然，我那时对 La Mer 还未感兴趣啦，为的不过是内里那十数版以性为主题的绿色印刷

1　拆家：粤语中指接到大生意后分包给下家而从中渔利者。

页，当中就有为读者解答感情及性事问题的“南宫夫人信箱”，那可是我的性教育启蒙老师。后来才得知，原来南宫夫人的真身，竟是当年上海四大才女之一的潘柳黛哟哟哟。

中学时代《姊妹》式微，《YES》崛起，当中亦有着 Miss Sex 的性问题专栏。这杂志源自当年香港电台逢星期六下午播放的爱情答信节目《三个寂寞的心》，每星期也有许多青年去信该节目，希望三位主持人想办法解决感情烦恼。

记得在中五会考那年，我到观塘“梁式芝书院”应试，于小食部外邂逅了一个请我帮忙修理随身听耳筒的女生。后来我写信到那节目（对对对，我也有怀过春啦），上帝保佑，信终被读出，我相约那女生在读信后的下个星期六中午，在观塘地铁站恒生银行前见面。不过，大概她觉得我是太癞蛤蟆想吃天鹅肉啦，所以结果并没出现。

多年后，因主持商业电台节目，认识了当年《三个寂寞的心》的其中一位主持倪震先生，他也出版过两本爱情问答书集《绝顶爱情》及《大胆爱情》，我喜欢其文采与毒舌。为了写这专栏，我还特地去请教他关于答信之技巧，他提醒我，答信重点并不在于只给来信者看，而是要让所有人看。每次回信时，我亦常谨记此点。在此特别鸣谢他。

3.

上海回港后，开始于网上呼吁，马上引来众多来信，打开邮箱，迅即被各种幻海奇情攻陷心灵，读着封封伊妹儿，俺恍如瘾君子般无法自拔，一封接一封地追。在开始的首两星期，我除了看信回信外，根本无心力干别的事情。

专栏于新浪博客及开心网上发表后，一些媒体邀请我在杂志开设此答信专栏。在此感谢各位媒体编辑：《外滩画报》的刘莉芳、张晴及文林；《城市画报》的杨凡、李晖和桂梅；《男人装》的林琳；《福州家园》的灵怡；香港《CUP》的张鼎源及《Pandaa》的刘家辉、阿 Slim 与阿游等。

感谢我助理 Quin 及 Debbie，她们对此专栏格外热心投入，在替我整理信件、打字及核实资料期间，常给予许多意见。每次我答完信，就像猪只被屠宰后，得先送往她们的质量检定部门做质检，然后才可送往超市发售一样。

优优征询了出版社律师意见，说这专栏有可能会被指为非法行医！因为在中国，这样的答信可能会被视为心理咨询，而我明显没有专业心理咨询师之牌照，所以为了保险起见，在此还是再次提醒读者，本专栏纯属创作，并非专业心理咨询啦。

而优优她为追求其理想，在今年三月辞去了出版社之工作，但在本书的构思、选信及编辑过程中，她都给予了无比宝贵及重要的意见，祝愿她有更远大的前程。同时感谢随后接手的文治图书监制苏静（一开始听名字还以为是个美女，哇靠，原来是个佬！）、编辑洛维、内页版面设计师马仕睿及责任编辑马吉庆。

负责设计精装版封面的梁咏珊、翟桐及温卫能，早于去年九月就开始受我折磨，无数遍地跑到拍摄现场，等我在拍完一个镜头后转机位的空档，赶紧过来讨论封面构思和展示她们的打稿样本，然后花上好几个月去尝试不同的纸版和装裱方式，最后弄出这个让人眼前一亮，看上去心情愉悦的封面。当然还包括了那被网友认为好适合衬上八一片厂片头配乐的标志。感激他们团队的无限创意，及对我一直翻来覆去之包容忍耐。这版保留了原来的标志之外，文治图书的设计老大马仕睿，还特别设计了一个新的平装封面。感谢各方给力。

长沙的那位 Tomboy，可算是本书之灵感缪斯，因此我特别将其来信和回复收录于结尾的附录中。

其实我等出手答信，就是为了从打救（或打 ×）一人中，弘扬爱学于众生，这是答信人该有之文德风骨。偶尔会于回答后忐忑不安，不知措辞是否恰当，出手会否过重，因此有时刊登前会先转给朋友看，听一下她们意见。感谢林彦谷、彭秀慧、陆以心、十四及小巴，她们常抽空看我回信及给意见，更帮忙提议了过百个专栏之名字，都怪我是处女座（这有点像歌名啊！），三心两意又喜欢劳役别人，明明只写个小专栏，却弄到如乾隆下江南般劳师动众，人人都得帮忙拉船搭桥。

4.

平日我读这类答信书最辛苦的，就是一书二百多页，竟出现过百次作者名字。除非是那种连平时在餐厅等人，都喜欢反转杯垫抄写自家名字去陶醉一番的自恋狂，否则如此实在是有点叫人（无论对作者本人或读者而言）受不了。为此特地请商小克兄出手帮忙，除了具特别意思之下款外，其余凡用我全名作下款的，都通通以此变种耷猫取代。我很喜欢这造型，一来与我神似，二来面颊那滴水，既可算汗，又能为泪，甚至作笑喷之饭。

我认为书中的信，不该依据答的先后次序去排列，因为这样容易偏重我某段时间的特定口味，未必适合连贯性阅读，所以决定重新编排信件次序。不过为了让读者更能够了解原来次序，因此我在每信的标题上，都加上个 PWV 编号。PWV 在德文中就是“彭氏作品目录”(Pang-Werke-Verzeichnis) 之缩写。晕啦，拜托哟，你就别问我干吗要用德文来编号，因为这是参照瓦格纳和莫扎特的乐章编号方法哟，谁叫他们都用德文。要是你打算不依据本书编排去阅读，不妨参考这编号顺序去看。当然，要么你正好是那类每次吃生蚝，都拒绝依随餐厅经理建议次序去吃的客人，就大可忘掉这些，随你大爷兴致去乱翻。

你得明白，微软老把窗口升级，是为骗你钱；而我，一而再再而三地修改增删重写那些回信，只不过因我是个无可救药的中年处女，你并没有因为文字升级而多花了一毛钱啊（这样大概会让你感到稍为舒服点，对吧），所以即使你发现之前好像在别的媒体上已读过某信之内容，亦不妨再花点时间看下去，因为当中内容，很有可能已跟你先前看的版本有别。

从小就敬仰杨修，就是不明白中学老师好像老跟他过不去，硬要把他揪出来鞭尸，藉此教训同学别妈的锋芒太露。我觉得不公平，杨修作为我等口舌招尤之徒的祖师爷，固然是下场惨淡，但妈的那年代，即使没口舌招尤，也不见就能得好死，所以怎能把杨修最后被杀一事,全归咎于他的脑筋急转弯（嘴贱之美化说法啦）呢？

个人推崇杨修，所以从小有事没事都比喻为食之无味，弃之可惜的鸡肋。我就是不明白，当年肯德基进入中国市场时，何不推出个杨修鸡肋？一方面既可推广促销鸡肋，另一方面又可中西合个璧，融入当地文化——连杨修跟肯德基上校都可凑一起，有时连我也佩服自己蛮能鬼扯呢。

话说回来，许多来信都真的成了鸡肋，当中或许有一两个点子有趣，却因字数太短，意味我得花好大力气去答，这样并不划算。加上有时候不是想不到答案，只是想到一两句调戏，硬将之拉长就失彩了。

为免浪费，偶尔会在网络上把大堆短信组在一起以短打形式答一下。编本书时，就决定将之短打间歇插入以作缓冲调剂。你知道我比杨修更幸运的地方是什么吗？就是我不会因这些鸡肋而被处斩，哈哈（～走着瞧吧吧吧～远处杨修鬼魂暗角低吟）。

5.

请原谅我不经意流露对爱情的悲观，也敬希体谅我对许多方面事物都涉猎得不深，因此要是本书之回复哪里有欠全面和失当之处，还望各位不吝赐教指正。

答信有如捞偏门，不能混太久，管你是黄金荣还是杜月笙，没人可叱咤一生，重点是要懂得见好收手。当然，我也佩服那些能持续答信多年的前辈，据说萧伯纳一生甚至写过二十五万封信啦（果然是没 ICQ、e-mail、msn、sms、QQ、facebook、微博的年代哟），请原谅我没这等功夫，还未成书已见到尽头，因此本书结集之际，正是金盆洗手之时。离场也许有点失敬，却不排除将来发姣[1]守不了寡，又再做冯妇，但毕竟像赛马会马季歇暑，总得要有点休息吧，算为马匹，亦为赌仔。

最后，感谢杨千嬅、梁咏琪、周笔畅及倪震在百忙间抽空为本书作序；黄璐、奶猪、安小羽、金培达、王卯卯及最上麻衣子 (Maiko Mogami)，在创作期间的热心协助；我经纪公司 CAA、经纪人陈洁在我写作事业方面事情之全力帮忙及鼓励；而我太太苏比，则一直于我生命中给予我无限支持。

在此由衷感激每位愿意花上其宝贵时间去写信给我的朋友。不管我有没有回你的信，我都想告诉你，每一封信我也有看，而且是很认真地看。这大半年来，我不时在工作上认识到的新朋友，总是以我这感情答信专栏来打开话匣子。“导演，你上次骂那女生骂得太对了。”“我有个朋友的遭遇跟上次那来信者一模一样呢，我马

1 发姣：粤语“发情”、“发浪”之意。

上赶紧把你那篇转发给他啊。”

感觉上，这段日子我仿佛进行了一次中国年轻人爱情生活的田野调查,这不禁让人想起陈桂棣与春桃合著的《中国农民调查》。在这看信与答信过程中，让我看到了你想象不到的青春迷惘，想象不到的丧尽天良，想象不到的缱绻半生，想象不到的如铁郎心，想象不到的百劫重逢，想象不到的孽恋盲目，想象不到的刻骨铭心……

创作从来是孤寂，一个人躲在房间，面对四堵墙，左脑跟右脑搏斗厮杀。这专栏的出现，成了我小说与剧本死线逼迫间之调剂，亦是个窥探世界的钥匙孔。突然跟别人生命交迭，就像有人前来探监。过去我就是不懂，那些什么义工团到监狱作探访，囚犯都不认识他们啦，为啥会愿意与之聊天？这专栏让我体会到，原来萍水相逢，大家反而更可畅所欲言地交心，然后相忘于江湖。我们隔着的，不是狱中会客室的那道玻璃墙，而是将我们连系一起之计算机屏幕。隔墙酬和都胡侃，来的，不是信，是寂寞; 回的，不是覆，是嫖亦是爱。

彭浩翔

二〇一〇年六月十日

上午

第一课

明骚易躲 暗贱难防

PWV3 只带你到酒店开房的亲人

亲爱的彭导：

你好！自从那天在暨大亲眼目睹你的风采、亲耳听到你的演讲、亲手接过你签名的《破事儿》，心里一直对你念念不忘，尤其是得知你擅长解答年轻人的感情问题，我更是觉得无论如何都要向你倾诉我内心的痛苦。

“我知道这样其实我的心很痛，但是始终没有办法走下去”，这是他前几天给我最后的留言。我不明白他究竟还爱不爱我，我只知道我的心真的很痛。

是他主动追我的。那时我在公司实习，他过来找我老板，等待的时候不断跟我搭讪，问我电话，过了几日便约我看《变形金刚 2》，我那时根本看不下电影，因为脑中不停地想着他，对他产生好感。第二日他没有找我，我觉得很奇怪，晚上他打电话给我，我跟他提了提跟一个男同事吃晚餐的事，他便紧张起来，以为我是故意想击退他，我连忙向他解释，他终于说了一句很记挂我，只是太忙没有找我，我也说出了自己的心声。第二天下班他约我吃饭，但没想到同场的还有他生意上的朋友，以及他在某大学当教授的叔叔一起的饭局。饭局上我喝了点啤酒，感觉有点醉，忽然他悄悄地抓住我的手，我感到一阵暖流。离开的时候他拖着我的手，取车的途中抱着我吻了起来。我意识到之后要发生的事，有点紧张起来，以为他会带我去他家，谁知他带我去了酒店，我更是搞不清状况，对这种事既期待又害怕。我并没有醉，不断地跟他说我的顾虑，他也跟我坦白自己的感觉，说我就是他钟意的类型，说会对我好好的，会好好珍惜我的。我心软了，把自己的第一次给了他，但我什么都不会，整晚

都很痛苦，却竟然为他□□了，我们才第三次见面。

就这样，我们建立了关系。他是我认识的人之中比较特别的一位，他说曾经在韩国生活了近十年，高中的时候回国，之后自己创业。我听了有点晕晕的。这超出了我的想象范围。他说工作很忙，有很多应酬，在那些夜总会常遇到很多浓妆艳抹的小姐，但他一点都不喜欢，说我与别人不同，够坦诚，是他所期待的女人，希望我可以让他的生活变简单点。我听了很高兴，觉得这个男人很真，可以信任，是我需要的人。

之后我们的发展可谓几经曲折。有时他跟朋友聊天也会叫我去，记得有一次他带我出现在他朋友面前，他朋友很惊讶地对他说了一句："真系俾你揾到啊？"[1]我听了偷偷地乐。有时他想我晚上陪他，我因犹豫是否发展得太快而拒绝他，从而产生分歧，他便会很生气，说是推了些应酬陪我，这时我便会有种内疚感。有一次他叫我出去，跟他一男一女两个同事聊天，但要我在他们面前扮他表妹，说怕让他们知道会很突然。跟他在一起的感觉总是悲喜无常。他总是那么工作狂，总是那么多电话要打，那么多应酬，以至于每次都不能专心地跟我拍拖，有时我还要在餐厅的一头等待正在谈公事的他。然而我却喜欢跟他在一起的感觉，很舒服，很刺激，因为会接触到一个完全不同的世界。刚开始的时候他常会打电话给我，我们斗斗嘴，聊得好开心，而且他很会哄我，还提议要在我实习的公司附近租间屋方便我们见面。我因为觉得不是太好而拒绝。其实我只是奇怪他为什么每次都带我去酒店，却从来不带我回他家（他一个人住，据他说还装修得很靓，因为他也很擅长室内设计的）。渐渐地，因为工作关系他给我电话的次数少了，我打给他的时候他

1 真系俾你揾到啊：粤语"真的被你找到啊？"

多数在加班或跟别人谈公事，有时因为喝了酒睡了而没有接我电话。日子久了我内心便很不踏实，担心他、挂住他、气他、等待他的来电，但只要听到他的声音或跟他碰面后，气又会全消，爱他又多一点。

最近一个月，他几乎没给我打电话，有次我发信息给他，他第二天晚上立刻来见我，说太忙所以不方便给我打电话，我问他究竟是否还喜欢我，他反问我为什么总爱问这种问题，陪了我一阵又赶夜场去了。我知道他真的很忙，没时间休息，因为他眼睛经常布满血丝，还要没日没夜到处去见客户，而且自己的公司常常要加班，我不忍打扰他，却又忍受不了他这么久都不与我联系。因此我终于发了条短信问他，我们还可不可以继续下去，他隔了两天给了我最后的答复。我看到后简直崩溃了，他给了我最不想知道的答案！

我哭了很多次，还发邮件、短信给他吐露我的感受及疑惑，他到现在为止还没给我具体的答复。我不敢打电话给他，怕听到他更真实的答案，但我真的好想见他，跟他谈一谈。我们一起不久后有一次他在电话里说，我们是亲人了，有困难的话可以找他，我们要走的路还很长。我听了很感动，觉得我们可以做长久的恋人，没想到他现在竟然放弃了，我彻底失望了。我信缘分，我们有很多共同兴趣，喜欢看电影、看电视，我从来没那么确定过一个人，我第一次真真正正爱的人。我无时无刻都在想他，一闭眼就是他，一醒过来又是他，一意识到我们分手，泪水就失控似的流下来。有次在吃饭，餐厅播许茹芸的《男人女人》，他说很喜欢那首歌，那是他前女友在分手的时候给他听的，求他复合，他拒绝了，但要做好人，为我做好人。今朝我一连听了好几次，痛哭了一场。

这就是我的故事，我可以怎样做？告诉他我不会放弃爱他，

还是放手让他走？你说会够胆老实答的，不会连你也呃[1]我吧？

S

亲爱的 S：

一个好消息，一个坏消息。

好消息是你并没失去他，因为坏消息是，你根本从来没完全拥有过他吧。

读你的信不难猜得出，大概你就是大 S 和小 S 的那位远房亲戚——盲 S 吧？你要不是盲哟，怎会如此明显的征兆也看不到呢？

这个男人根本就不爱你。

男人都爱拿工作忙作挡箭牌，但别忘记，华盛顿在指挥着与大英帝国对抗之独立战争的同时，也从没忘记过要装修自己位于弗吉尼亚州的大宅，甚至还把装修师傅叫到战事前线来，跟他们开会商讨装修细节呢。试问世上还有谁忙得过他？

也许你会说，旧时代的美国总统，生活可能比较朴素，加上当时他还未上任啦。但近年克林顿在如此繁忙的政务下，也有闲暇去跟莱温斯基□□□□□。我们连伸手进裤袋装作找东西，其实抓蛋蛋，都会不小心碰到手机的键，按错号码给别人？要是你真的紧张一个人，怎么可能连发个短信或打通电话也没时间？

从他等见你老板时，也不忘跟你这个实习生搭讪，泡你去看电影；跟你第三次见面，就把你带到酒店正法的行为来看，就知道他是位精于利用时间空当的人，约会讲求成本效益。问题只是他认为该把时间分给你，还是配予别家公司实习生而已。

也许你没□□□□□□浓妆艳抹，但你和他相处的性质，其

---

1 呃：粤语“欺骗”。

实跟坐台小姐没太大分别，你坐在旁边陪他应酬谈生意，之后再被他带到宾馆。我想唯一的分别，是你没向他收费吧。

关于他一个人住，和据说他有多擅长室内设计，以及家中有多漂亮，我相信你永远无法知道，因为这个男人根本不会把你带回家。第一天到酒店，可能是因为还没肯定这段关系，但之后每次都到酒店，难道是因为他要顺道考察一下不同酒店之室内设计？你想想，一个擅长室内设计，家中装修得很漂亮的单身事业型男士，即使宁愿在你公司附近租个炮房来小聚，也不愿意带你回家，是什么原因呢？

以下不妨给你几个选择：

A. 他事业实在太忙，以至于长期没空收拾客厅茶几上的旧报纸和吃剩之方便面，所以不想破坏他在你心目中的完美印象。

B. 韩国旧同事到中国公干，暂住他家，刚巧他妹妹也来探访他，因此要是带你回家，你就不能再在他朋友面前装是他妹妹。

C. 虽然他家装修漂亮，但却闹鬼，因此他才会每晚赶夜场，藉此避免回家，也不想你给厉鬼缠上。

D. 他不是一个人住，而是有个同居女友或老婆。

告诉我，你哪个亲人会不让你上他家？春节时你跟亲人说要到他家拜年，他会说："好啊，到时去宾馆开个小房间。"让你来拜年吗？他是你第一个真心爱的人，你为他付出了初夜，对他自然会舍不得放手，可是你现在却像《第六感》(The Sixth Sense) 中布鲁斯·威利斯一样，一直徘徊阳间，却只看到自己想看到的那部分事实。

明显，他没有像你喜欢他那样的喜欢你。第一次真真正正爱一个人，当然不易，但也得承认，你在第一次真真正正爱人的同时，也体验了人生中最重要一课，就是你真真正正地爱错了一个人。

没关系，错了，坦然面对，就让它过去吧，没必要纠缠下去。

这个男人在未来十五到二十年内，仍会这样忙碌，更肯定的是，他在别家公司等候业务会议时，仍宁愿把时间花于跟别的实习生搭讪，也不愿意给你发条短信。

何必再为他多掉一滴眼泪？许茹芸的歌还有很多，《独角戏》可能更适合你。你的嗜好不见得很孤僻，喜欢看电影和电视，而且愿意回短信的人多得是，你该找一个愿意让你到他家的男人。

记着，坏男人都像变形金刚，想把你时，可以变成管接管送的私人坐驾，从早到晚只播着倾心情歌的唱机，或是暖你心窝的电暖袋；可是在得到你的下一秒钟，就可能马上恢复真身，变成另一模样。至于这个男的，到底属于狂派还是博派，我不清楚，但从言行来看，不难猜出，他不是正派。

PWV26　纪念品

老彭：

偶尔，在一个朋友的博客链接看到你的。

是不是人人都要面对一个问题：不知道自己要什么？

我快三十岁了，可是一直不知道自己要什么。

我认为，四年来一直认为，我很爱一个人。在我认识他的时候，他还是单身，现在，他结婚了。

他说我们不适合，认为都是脾气急躁又任性的人，为一点点小事就会冷战。

一直骄傲的我，最后全部都迁就他，就算他结婚，就算他爱着别的女孩。我想，我只要能看着他，默默爱着他就好。也许因为一直的执著，他开始响应我的感情。相识三年后，他说爱我，让我在他身边，除了名分，他对我也有责任和家人的温暖。

我觉得我幸福，但他迟迟没有说过，什么时候我们可以有一个纪念品，虽然他总是很深情地说："给我一个孩子吧，你就不会离开我了。"于是，我要求了，即使我知道他也许拒绝，或者真的有了，他会不要他。我想我是在用自己的健康、情感去下一个赌注，他爱不爱我的赌注。他同意了。我觉得他是认真的，一个男人若不愿意给你孩子，怎么也逼不了的。

我有了孩子，真的有了他的孩子，他想要的，他主动留下的纪念品……

"我们的经济现在还不能给他一个温暖的环境，相信我，我们推迟半年。我也觉得惋惜。"

于是，我没有要他，我不想他是不被祝福的。我从来没有要

求他为我做任何事情，他的钱都是给家里，我要负担自己和孩子的所有费用，他还是不要他。他所有的薪水和精力都给了家庭，却跟我计较付出，这还叫爱么？

我灰心，却没有分手的决心。我都开始轻视自己。

Blue

Blue:

中文，许多时很复杂，复杂得大家在说着相同语言，还得要翻译。

男人说："给我一个孩子吧，你就不会离开我了。"那只是字面的意思，就像汤上浮着的那层热油，下面隐藏的，却是灼唇的烫。男人那话的真正意思是："怀我一个孩子吧，这样你就离不开我了。"

首先，你得搞清楚，这是你坐到台前，就早知的游戏规则，干嘛坐下来玩大富翁没多久，就说要改玩飞行棋？那个版面还是大富翁，虽然也有棋子和骰子，但并不代表你可以随便改变规则。

当然，男的也有不对，他老是诱你，跟你很深情地说，其实飞行棋也不错。但明显，他只是说说。你说得对，男人不愿意给你孩子，怎也逼不了。因此，明显简单的结论就是：他，根本不是个男人。

如果拍拖是骑自行车，收小蜜就是驾大货柜车，得要具备高度驾驶技巧，有关部门该设定考试发牌照。而明显，你俩都是未成熟到可驾驭这等事。偷人老公就偷吧，你到底吃错啥药？这是偷鸡摸狗的勾当哟，你以为是到九寨沟旅行，还是上湖南卫视游戏节目么？老喊要拿个纪念品，仿佛不带点东西回去，就对不起乡亲父老。

还有，可否帮忙问一下，到底他有什么内幕消息，买了哪一支股票？推迟半年，经济就可以突然有爆炸性的改善？由不能给孩子温饱，到可以照顾多一个家庭？要真如此，你何不干脆先把小孩养过半年，这就成嘛！没必要打掉呀！

爱情任性，情有可原，但用小孩生命作赌注就太幼稚了。男人唯一做得对的，就是了解你俩都不成熟，根本不适合在一起，但你还是一头栽进去。是孽，是劫，怨不得别人。

虽然他把薪水和精力都给了家庭，但他还算分了一点点关怀给你，你还有什么好计较想计较？你说得对，那不叫爱，那不过是□□。

不用轻视自己，人人头上一片天。许多时候，只是我们被自己的执著痴迷所蒙蔽，看不清原来还有更多选择而已。

PWV17 你出生，就是为了把初夜献给他

最受女性欢迎的彭导：

如果有幸能选中被你回复的话，我一定兴奋得比拿到你的亲笔签名还开心，毕竟这些回复都是你对我一个人说的呀。我迷恋你的每一部作品！

客气话就这一句，正题了：

我觉得我的感情有很大的潜在危机。

我和他在一次旅行中相识，就迅速双双坠入爱河了。他很爱我，我感觉得到。比如我要去接朋友的凌晨火车，要三四点钟才回到家，他会一直不睡等到我回家打电话给他报平安。比如我半夜喊饿，他会从床上爬起来去两条街外的M记买吃的给我。

可是我们之间有很大的问题。他是一个受传统家庭教育长大的人，女朋友只有过一个。而我有过三任前男友，并且和其中一个上过床（那年我二十岁）。我和我身边的朋友，都觉得这不是什么令人发指的事情，我并不想说我们的观念很正确，可是他和我之前的观点确实差别巨大。他认为我和一个没有确定要结婚的人发生性关系，就是对未来老公的不负责任。换而言之，他有严重的处女情结，而且发展到让他对我的过去变态地审问。

他每几天就会发病一次，会问我过去都是怎么和我的前任交往的，细节到开了几次房，用了什么姿势，先用什么姿势、后用什么，和某个前任kiss过多少次、看过几次电影都要问。每次他发病，我都觉得自己很屈辱、没有尊严，我之前从来没想过会有男生对女朋友的情史要这样了解的。

他说，要全都了解才能接受我，不然以他的想法，真的很难接

受过去这么“放荡”的我。

而问过之后，他又会做噩梦，梦见我和其他男人在床上，有时梦醒了他会骂我，骂的话很难听，更会直接动手打我，但是每次打不超过十分钟就会立刻道歉，说他是因为太爱我了才会这样，说他慢慢会好的。而我也一直忍耐着，我以为他了解了他想了解的一切，就会停止这样的行为。

可是我慢慢地发现，处女情结在他心里是根深蒂固的。有时他会不自觉地流露出来，比如看戏，他会说：这男主角知道女主角是处女，一定会好好珍惜她啦；或者：她又不是处女，怎么会有男人对她负责啊。

而且他要求我，如果以后会谈论到我的性经历，我一定要告诉其他人，我的初夜是他。而我的朋友里所有知道我的初夜不是他的，他都通通不见。

这让我对我们的未来深深地恐慌。我想他现在和我在一起，只是因为太爱我，如果时间久了，感情淡了，他必然会离开我的。

而另外一个问题，就是他对我的不信任。

他即将出国进修两年，而我想用这两年时间辞工去旅行，这是我的梦想。他总是提醒我，一个人在外面，不要和男人鬼混啊。我说如果你不放心，我们可以每晚视频通话，你就知道我身边没男人了。他说这又不一定要过夜的，你想鬼混，一定可以不被我知道啦，你又不是没鬼混过。我真的很无语。因为我既不认为我鬼混过，也自知我不会去鬼混，可是我百口莫辩，因为在他的观念里，这样的我，就是鬼混。

我相信他对我是认真的。他告诉了他的父母，他很爱我、想娶我。他的父母也很高兴，说只要我等得到他回国，就立刻结婚。

可是我对我们的未来忧心忡忡。不止因为未来两年，他对我这

么不信任，会不会让他回国后对我产生更多的怀疑。还因为他的处女情结这么严重，如果我们真的在一起了，会幸福吗？

最近总是看些男人四十岁因为老婆不是处女结果出轨的片，隐隐预料到，如果我和他结婚，那这就是我的未来。

我的朋友都劝我顺其自然一点，也许不会结婚呢，也许他出了国距离远了就没有未来了。

但是我深爱着他，我希望和他会有未来，可他的这些态度和想法，让我很困扰。

总不能因为对未来的担心，就放弃当下的感情吧？可是继续这段感情，他对我的这些偏见要怎么解决？

真是死了算了。

不知该如何改变我和他的状态非常非常苦恼的：薯条

亲爱的薯条：

你跟他之间的问题，是华人传统价值观根深蒂固的问题，毕竟娶妻求淑女，很难一下子要他立即改过来，须让他循序渐进地慢慢适应与接受。目前，我认为要是你继续希望维系这段感情，跟他有一个更长远的未来的话，首要之事，就是须开始强身健体。最好能一星期做三次健身，让自己身体强悍起来，这样晚上就能够比较耐打抗打，两人感情基础自会更巩固，更甚可考虑去学一下功夫，这样在挨打之余，还能偶尔撒撒娇，做出点还击点缀一下，以增彼此情趣。当然，晚上他做噩梦后，彼此切磋起来，该以点到即止为原则，为免动了真火伤感情，我建议你学太极或柔道这类防御性为主的功夫，当然也可考虑到梁挺师傅那里学咏春，未知男女实战练习机会会否多点……

以上文字，即使你认同5%，也算是个脑残大白痴。你跟这样每数天就发神经病的烂人在一起会有啥未来？会有啥幸福？除非你认为晚上被打也算是个恩爱表现。

开这专栏之前，从没想过，原来处女情结在我国仍有如斯庞大之市场。二十多岁一个人，曾跟旧男友发生过关系，有什么大不了？虽然你没细说，但既然你跟这男人也睡在一起，相信他跟你也发生过关系吧（他该不会是发完噩梦，跑到楼下M记买个宵夜，然后专程过来揍你吧）。令人发指的，是你男友的幼稚和自我中心。

你男友连自己也不能确定最后会否跟你结婚，也不早就跟你发生关系了吗？为什么你过去跟男友上床，就是不负责任和淫荡？□□□□□□□□□□□□□，□□□□□□？为啥他自己当处男，你就得每隔两三天去承受他给你来个《风声》般的变态审问？人家日军军官审问李冰冰时也没动手哟，他却动辄在睡梦中殴你。我看不出他算是什么受传统家庭教育的人，他家是武术世家呀？根据国际赛例，奥运会的拳击项目每回合打两分钟，就连职业赛事也不过是三分钟，他却打上十分钟？

这种卑微小男人，觉得谁也不能碰你，他当然希望你过去的每个旧情人，都是电影《他其实没那么喜欢你》(He's Just Not That Into You) 的死忠支持者，真正身体力行地做到 He's just not that into you。你自出娘胎那天起，人生就有个重要任务，那是等着他来破你处开你苞，人家抢了他的头啖汤，就是破坏了宇宙的和谐稳定。结果在你们的感情里，什么事情也可勾起他的醋意与怨恨，连看场电影都成了道德委员会的性教育宣传片。

他才不是爱你担心你三四点回家有危险，只是怕你去和别人鬼混而已。更过分的是我老弄不明白，你的初夜给了他还是谁，干吗要和他夹个可鄙假口供四处宣扬告诉身边人？生活有时比电影要离奇荒诞哟。

不用因为自己跟别人发生过关系而感到抬不起头。听我说，你跟这家伙不可能有任何未来，除非你渴望的未来，是痛苦、眼泪和瘀伤。他的病态，即使打个四折也不能忍受片刻，何必还要拖拖拉拉？

亲爱的，你不应去想死，他那男性的自我中心才是最该死。如果爱神丘比特在天有灵的话,定当会像《英雄》结尾那些秦兵般，以漫天乱箭把这贱男射个稀巴烂。可是在丘比特还没发箭前，即使你把我的亲笔签名留在他家，也千万别再回头，赶紧拔腿就跑吧。

祝及早脱苦海！

PWV6 相逢恨晚症候群 (SSMLS)

老师：

最近情感出问题，很痛苦，你能不能帮我清理清理。

最近刚刚认识一个女孩，偶然一次去同一个公司面试时认识的，聊得特别开心，真有相逢恨晚一见钟情的感觉。几次接触下来，最后得知女孩马上要结婚了，和她将要步入礼堂的是她认识了九年的同学，她告诉我，虽然他们没有很多共同语言，但是曾经一起走过了许多，她不能对不起他，再过十几天就是他们的婚礼，女孩虽然很喜欢我，虽然有很强的婚前恐惧症，虽然也没领结婚证（他们真是个例外），可是一切已经木已成舟，婚宴请柬什么的全都办妥了，昨天她还是和男友撒谎出来见了我一面，想做永远的朋友，但是什么都无济于事，我真的很崩溃。

我说我等你一年，因为我比她大四岁。我二十九她二十五，我不能等太长的时间，她说她已经不可能伤害任何一个人了，这样对我不公平，让我不要等她，我这样做是不是很傻？我们之间没有任何希望了？我们就是那种典型的一见面聊得特别投缘，双方都尽量给彼此留下美好印象，但随着她结婚的日子一天天临近，愈来愈不能面对她，一面对她就伤心得说不出话来。她也是万般无奈，唏嘘不已，可悔婚是不可能的，她说她不是不会不敢而是不能。最后伤害了大家。这几天痛苦死我了，555555，望老师你理解我的牢骚之言。

baolei

baolei:

我们每次吃螃蟹，老会觉得头皮发麻；进了升降机，就自然便急,为什么？因为“犯贱”这个密码,早就刻藏于我们遗传基因中。

婚期将至，就容易掉进这类相逢恨晚的陷阱中，透过品味细嚼这口苦涩来告诉自己有多情深。在病理学上，这称为“相逢恨晚症候群”(So Sad to Meet Late Syndrome，简称SSMLS)。当然，我不能说那女孩对你没意思，她愿意跑出来见你，最起码已证明了她亦在配合这台戏。但你们这种相逢恨晚的一见钟情，到底多少是来自对婚姻的恐惧，多少是对这种三毫子激情的憧憬？

事实摆在眼前,选择是有的,悔婚干嘛不可？我相信自由意志，即使在婚宴的新娘休息室里，还是可以穿着婚纱，给旧情人来趟快□活（我真认识有人试过)。说个啥不想伤害？难道罪犯要在被捕后才算犯法吗？伤都早伤啦，何必砌词？

问题只是，她觉得还没到要放弃这段婚姻的地步。也许像你一样，她认为自己也不能等得太长，还是投入一段婚姻比较保险。因为选择“没选择”，本身就是个选择，这事上，总得有人要受伤，而那女孩，选择了你。

男人大丈夫，有什么好怨？从来劫法场这类戏码，成功的少，失败身死的多。算了吧，既然你要追求这种大情大性，相信日后你还会保留这种劫法场瘾。往后朋友的订婚派对，你还是不去为妙，免得破坏兄弟情谊。

你要等,可以,自便。何必告诉人家？你的目的,是希望提醒她，有一条后备车胎躺在她之车尾厢？还是要她在新婚蜜月中，一直活在虚耗他人生命的阴影下？你是那种跟人家约会，到了看不到对方后，就老发短信告诉人家，你已在那等着她的人？这样做，可以，但不够格。

真心想留个美好印象，就直接祝福她吧。要等，默默等，别给人家添压力。我总相信，是你的，终归属于你，要是她心中真的有你，自会离开那段婚姻。要是她百般无奈，欲断难断，那又何苦加剧其痛苦呢？

她不是不会不敢不能，就是不想。行动证明一切，事实胜于雄辩，华丽文艺腔措辞也改变不了多少□□□□□□□□□□□，□□□□□□□，□□□□“□□□□□□□”？

要是今天你在我办公室桌前，蹲下来拉笃屎，我要清理自然容易——因为我会直接喊我助理阿 Quin 进来搞。可是你拉在自己心灵里的那堆粪，虽然旁人嗅得到，但手却无法伸进去替你抹，还得待你自行清理清理啦。

SSMLS 从来教人痛苦，但小心，这病会释出毒素，尝多了，就会上瘾。

PWV40 此道不对外传授

亲爱的彭导，

你好！

我经常看你的 blog，喜欢《爱的地下教育》，你的回答往往是我想不到的角度，好犀利。

我的问题是：明天我要跟男朋友去注册结婚了，即“领结婚证”，但是我觉得好不甘心。

他号称忙忙忙，总是不积极计划结婚，我虽然不是结婚狂，但也三十岁了，想赶紧生宝宝。他本来说春节前结婚的，但又推三阻四。这次我跟他说结婚的事情，是 Now or Never，要是这个春节前不结婚的话，我们就分手。于是他就说明天去领证，因为后面两天他的日程都是满的。

所以他没有求婚，而是被我逼婚，虽然我逼婚成功，但满肚子的郁闷。因为我觉得逼婚是很 Desperate 的姿态，我有丧失尊严之感。但如果不结婚，我也会很不甘心，因为花了时间跟他在一起，这个时间是机会成本来的，我本可以用这段时间和别人交往，也许会有更好的结果，是吧？当然，如果他不同意结婚我就只好分手，和他交往的时间就会成为沉没成本了，呵呵。

到底有没有爱情的存在呢，我也不知道。不是第一次恋爱，但这是第一次“以结婚为目的”的交往，刚开始交往很热情的啦，时间长了嘛，也就是习惯了。

其实我也希望生命有更大喜悦，比如说像你会拍电影，可以在电影里得到成就感之类。但我只是普通白领一个，资质一般，工作之余读读书看看碟，所以我就希望过普通人的生活，生一两个小

孩子，陪伴他们长大。唉，这段是题外话，以后如果你开个“励志”专栏，我再给你写这个邮件，哈。

我想要你回答的问题是：你觉得我这个逼婚是不是正确的行为呢？怎么样去调适自己不甘心的心态呢？

谢谢你！

怎么都不甘心的女人

亲爱的不甘心女人：

先跟你说句抱歉，耽误了些时间才回你的信，相信你和男友已经正式成婚了，在此送上我的祝福。与此同时，亦是时候叔叔要教你一个人生大道理了，那是流传百年之一个不能说的秘密，古今帝王将相都深明此道，却不对外传授（说得像《秘密》(The Secret)那书的宣传文案啊)，那就是从没任何一个政权，在上台之前，没干过不光彩的事。

凡事由零变成一，都得要找个突破点才成。当然，这个突破点有可能是用较体面的方法去完成，但成功率比较低。相对的，还得耍点小聪明和旁门左道才行。名门正派固然好，但正如韦小宝一样，没海大富那等武功，要是打不过人，那么撒撒石灰粉，放放暗器，这等下三滥招数有时还该纳入考虑之列。

只要对方够好，能结成婚就成，管他什么逼婚不逼婚。从来成王败寇，历史都由当权者撰写，你这个逼婚经历，只要待到签订婚书，独揽大权后，你还是可以慢慢一点一点地去篡改和误导你的子民（你们将来的子女啦)，反正他们不在现场目击，谁知道你当日有多失威？

别被这事困扰，如你所说，时间就是机会成本，与其维持尊严地沉没成本，何不掌握这个好机会，先忍辱负重，日后才扭转历史呢？将来你大可跟儿女说，他们的父亲如何跪地哭求你嫁他也成啊。

你不用担心，能照顾小孩长大，教导他们该怎样处世成长，才是世上最艰难，亦是满足感最大的计划。

逼婚这事没啥所谓正确不正确，从每个年代或角度去看，历史都有不同的见解与诠译，就像华盛顿和安德鲁·约翰逊这等美国开国功臣，都曾被英国视为叛国者（说得好像俺很懂美国历史，其实都只是看《勇闯夺命岛》（The Rock）时听来的对白，在此装装牛人啦，呵呵）。因此，将来历史会给每人一个合理的评价。

而更重要的是，历史是由当权者撰写啦。你看，即使南京大屠杀死了几十万条人命，仍能被日本教科书彻底篡改不误，求婚没求婚，又是多么的一件小事啊。

PWV15 来自绵阳的十四岁读者

彭导：

其实我并不确定自己到底想写些什么，只是在寝室里打着电筒看书时，无意之间看到了你那在《看电影·午夜场》中的连载故事《失物认领处》时，正在擤鼻涕，读到你把樱桃核弹到了鼻子里的故事，弄得我自己忽然觉得鼻子里面有异物，很想伸手进去抠一下。

你写的是你小时候的故事，你说你的智商 135，成绩却一塌糊涂。我是不知道我的智商有多少，但我觉得应该也不算低，可是我的成绩也不好，我有点中庸，不是风口浪尖，却也不算吊车尾，语文考九十，数学只考得到语文的一半。总之我就是严重偏科，现在是初三毕业班，压力很大，老师一见面就只会问我一句话："刘珊珊，数学怎么样了啊？"是啊，怎么样了，我也不知道，我觉得很茫然，对未来，对社会，尤其是对自己。□□□□□□□□□□□，我们这些孩子或许注定只有被社会的最底层所接纳，注定在社会的一潭浑水里摸爬滚打。

但我不想这样，因为我至少还有梦想，一个关于电影的梦。我梦想着能成为电影导演，梦想着拍一部我的电影，虽然这一切显得那么的遥不可及，但这是支持着我坐在学校里抱着那索然无味的书，买了命地啃的原动力。我不清楚到底要有什么资格才能当导演，也很明白这不是凭我的一腔热血就能做到的。

我也明白一百年可能才能出一个黑泽明，许多人都劝我现实一些，我的态度就是一句话：我听不见。我的确有点儿清高，但这也是没办法的，这就是所谓的梦想太丰满，而现实太骨感。我也带有一点点 90 后孩子的堕落吧？但我不是典型的 90 后，和我的很多女同学也是格格不入。我没有喜欢的人，不写日记，拒绝小纸条，没什么秘密，看到帅哥一点感觉也没有，更写不出什么细腻而又矫情的文字。我看不惯她们，不过她们肯定更看不惯我。

我喜欢照相，但摆不来非主流的动作。我对文字很敏感，经常读文章时热泪盈眶。我大大咧咧，但也算细腻，我看舞蹈也会感动得流泪。我学了很多年的表演，却始终练就不出数三声就哭的本事。我也穿吊裆裤，有时打扮得像一个社会小青年，但实际上我还算是个乖宝宝，不会仗着老天赐予我的身高优势欺负别人。我没有独生子女身上的毛病，我从小和表哥一起长大，每天都受他的欺负，我从来不敢告诉我爸妈。家家有本难念的经嘛。我表面不羁，却深知人情世故。只是我的成长经历改变了我的性格，我总喜欢把自己埋得很深，我总是笑，笑得没心没肺，但是我并不确定，我是不是真的开心。

这段时间心里有一种愤愤不平的感觉，上课的时候看着那些数学好的孩子趴着睡觉，我认认真真地听，却还是捞不回一个勉强及格的分数，我考一次试就会有一种很强烈的挫败感。每次上数学课，老师把一道题写在黑板上，我题还没抄完，就已经有人喊出了答案，有时候我真想把这些人的脑子撬开来看看，真想晓得里面是什么东西做的。我不知道香港的教育是怎么样的，反正内地就是打着素质教育的口号，死命地抓学生的成绩。我甚至觉得，在大学毕业以前，我们都不能算真的活着，只是背着书箱在独木桥上，需求一席之地罢了……

你还写了你和哥哥在刮八号台风时徒步走回家的故事。我来自绵阳，或许你知道这个地方，这里不刮台风，但是会地震，现在也还是余震不断，只是我已经习惯了，即使是地震，我也能心安理得地呼呼大睡。我也想过来一场“长征”，可是我是一个路痴，绵

阳其实不大，但我依旧不能记住每条街道的名字。今天走在路上我已经把“长征”的计划安排好了: 先搭一辆从来没有坐过的公交车，去一个不熟的地方，然后再在那里到处走走，照照相。然后再随便搭一辆公交车，去一个不熟的地方……以此循环 N 次。我想看看能不能走回去，如果实在回不去了，我就坐出租，因为绵阳的经济不算太发达，出租的起价只要四块五毛钱，就算跑完半个城，车钱我还是付得起的，这样我就没有后顾之忧了。

请原谅，我有点语无伦次，文章结构也有点散，呵呵，没什么文采。

如果说你的少年时代是在天才和蠢材这两个极端之间，尴尬地学习生活；那么我就是有点无为的，极其平凡的孩子。但可能我们都有着共同的爱好，那就是电影。青春本是茫然，理想，就是航灯，让我不至于同其他的某些孩子一样，堕落，迷失。若是我没有了这理想，我一定便与他们没有了本质的不同。(我觉得“他们”这个词怎么这么刺耳呢？)

也不知道你会不会看，但诚挚地希望得到你的回信。

你的十四岁读者刘珊珊

亲爱的珊珊：

虽然你的来信没有什么问题要问，但读过后，还是想回你一下。大概因为如你所说，我们都有共同嗜好，就是电影。我们同样也有一个共同本质，就是有一个茫然的十四岁。

我十四岁那一年，大概跟你差不多，对所有的事物都敏感、茫然。唯一跟你有别的，就是我对异性还有点憧憬，我在校内图书馆兼职管理员时，暗恋着一个同级不同班的女生，我很想跟她打开话匣子，可惜却一直没发展，直到几年后的某天，我在深水埗遇到她，她跟我聊了一会后，就问我借两百元，并把她的手机号码写给了我，说迟点会还给我，数天后我终于鼓起勇气打过去，想约她吃饭，才知道那号码是个空号。

我多想告诉你，其实学校的教育并不是最重要的，我也想跟你保证，只要努力，将来定能当上导演。可是我不能，因为这些都是空话。念书成绩并不是生命中唯一的判断价值，但无奈，这是普遍人存在的一个约定俗成的分界线。念的东西可能没用，但是我们得有个简单的标准去判断每个人，就像网络游戏一样，每个人的战斗力也得有个数字去标示，虽然战斗力可分体能、敏捷度和智力等，但总体来说，还得以一个数字来评核。有跳出这个数字的例外吗？当然有，例子也非少数，但在你还没建立起这个例外前，大家仍是会用这准则来看你评你。这是无奈，但亦是事实。

我没办法告诉你，要有什么资格才能当上导演，因为每个能够成为导演的人，原因都各有不同，我可以列出一百条成为导演该有的品格和基本条件，但即使你全满足了这一百条，也不代表就一定能成为导演。相反，许多坐在导演椅上的人，才没达致当中的十分之一呢。

影星保罗·纽曼 (Paul Newman) 和其拍档 AE Hotchner 成立了一间奇特有趣的食品公司，出产他们独门秘方的意大利面酱，那是我最喜欢的意大利面酱。在他们办公室的墙上，就挂着这样一句座右铭：

"做生意有三大法则，幸运的是，我们一概不知。"

蛇有蛇路，鼠有鼠路，能成为导演的，各有不同修为。记得以前我做编剧的时候认识过一个导演，他之所以能成为导演，都因为他家族在七十年代于香港开设非法赌场，他家人辛苦地替他弄来一个什么电影总会的会员资格，让他成为"导演"，然后租下摄影机、灯光和菲林等，设在其非法赌场内，当警方来检查时，他就拿着一个非常残旧，翻到无可再烂的剧本出来，跟警察说自己正拍摄着剧本里的一场赌博戏，而在场的赌客都为临时演员，桌上的都是道具，由于对电影质素有要求，因此他们用上真钞票作道具。

很扯是吧？但我告诉你，这是真的。当然，这招用上两三次就骗不了人，后来警方索性把警车停在赌场门口，他们最后不得不关门。而这个赌业家族的导演，眼看不能混下去，就顺水推舟开始尝试拍摄电影。

你看，成为导演的途径，有时真的会很不可思议哟，不见得一定要入中戏北电。而且我认为，你喜欢电影，对电影有梦想，没问题。但梦想不一定是要拍一部“我的电影”，可以是拍一部“我有参与”的电影。每个喜欢电影，梦想加入电影圈的人，大多都抱着要成为导演的心，可是一个团队只有一个导演，要成为导演不容易。你得先抚心自问,是否成不了导演,就对参与电影工作没兴趣？

要是这样，我看你可能不够真心喜欢电影，只是喜欢成为电影导演这头衔而已，许多人搞不清楚自己是真心喜欢电影制作，还是只希望透过电影导演这个头衔，为他带来另类好处。要是后者的话，他们大部分都不会是个好导演。因此，要是你问清楚了自己是真心喜欢电影的话，就应该不会介意任何岗位，还能在当中得到乐趣和满足。

可能你还没有写出什么东西，但从你来信可以看得到，你对生活观察的敏锐与细腻。我喜欢那些看文章会哭会笑的人，因为情绪有起伏，是创作人最基本的需求。数三声哭不出来没关系，哭不出是因为你没把情绪移植过来，下次在你看文章或舞蹈热泪盈眶的时候，赶紧记着那刻的感觉，并存于脑海中，到要演绎哭的时候，就把那感觉从脑中的记忆库里抽出来，这能协助你带出情绪。

没必要刻意写矫情的文字，不用追求什么文采，真心表达就够好。

记不住街道的名字没什么稀奇，因为你的信，我特意到维基百科查了一下绵阳市，它是四川第二大的城市，面积有20249平方公里，比香港的1104平方公里大很多，单是香港岛那么小的地方，我也经常记不住街道名字呢。

查资料时亦发现，绵阳是去年四川大地震的重灾区之一，请代我向你家人送上问候，愿你们生活一切安好。

你的冒险计划听起来好像很有趣，也很刺激，但你年纪小，得自己小心点。

告诉你一个比较残酷的事实，将来你也许不会在电影圈工作，但这不会影响你因为爱电影而得到一段美好的经历和回忆。目标的最终结果不是最重要，享受迈向理想的一段过程吧。

最后我想诚挚地告诉你，我不但会看信，还会给你回信。

跟你同样喜欢电影的彭浩翔

PWV5 自慰是谁都不能剥夺你的天赋人权

彭 Sir：

你好，一直观望你博客，今天我终于有决心写信给你。

首先，我是个非常敏感，自尊心非常强，自卑心也非常严重的人。

我的问题是下半身的问题，这个问题困扰了我二十多年，一直没有得到疏导和帮助。是这样的，从我记事起，大概两岁甚至更小，我就会自慰了，简直是与生俱来的天赋，当然，那个时候根本不知道自己是在自慰，更没有所谓的性幻想对象，只是单纯地觉得这种奇怪的举动能令我感到愉悦，并且也直觉地觉得这是不光彩的事，所以也都是偷偷摸摸的。但另一方面，其实父母早就发现了我的这个行为，他们批评过我，但从没正面告诉过我，这种行为到底是怎么一回事。后来直到我上了高中，有一回不经意听到了几个男同学的聊天，才突然顿悟了，原来！这叫自慰！后来我也试图跟父母谈论这问题，但他们从不回答，每次我提出来，他们就会立即想办法转移话题，所以我的疑惑从没得到解决。后来有了网络，我也试图在网上找这方面的数据，但找到的无非都是色情网站；对于认识的朋友，我也绝不好意思去跟她们说。

另一方面，也不知道是不是因为这个原因，而令自己有羞耻感，我从小就特别自卑，尤其在异性面前；小学的时候发生过一件事，大概八、九岁，那时候我什么也不懂，对什么人也没戒心，而且更是个超级傻逼，于是在上学路上，有个人跟我说，我是你爸爸的同事，我要找你爸爸，你带我去你家，我就信了，结果他骑个自行车把我带到一个楼里，我没一点警觉，然后他把我衣服掀起，我

还不知道怎么了，他把手伸进我内裤，我他妈都还没反应过来，最后我觉得很痛了，才挣开他跑掉，我操！现在想起来简直太□□傻逼了！我□□自慰了那么多年，却对真正的性侵犯毫无概念。后来回家我还问我爸，你有没有个同事是我不认识的？然后把事情跟爸妈一说，我妈哭了，然后我他妈才知道我这叫差点被强奸了。

随着年龄慢慢长大，这事件在我脑子里一点也没淡化，反而使我的羞耻感愈来愈严重，对我的影响也愈来愈大，我愈来愈有点神经质，觉得毫无安全感，对所有人充满敌意，并且特别反感任何人在身体上与我接触。直到大学跟同寝室的人相处后，才开始与他人交朋友，不再那么自我封闭，对人的态度也好了很多，并且到现在，我俨然已经成了朋友中最受欢迎的人物。但是根本问题还没解决，我仍然排斥任何人碰我，尤其异性，只要有异性接近我，距离在一米之内，我整个人就处于戒备的高度紧张中。还有，我想我的羞耻感和自卑感更来自于另一个原因，那就是我总是暗恋别人，而从未有人喜欢过我（这一点我非常肯定，我很敏感，谁要是多看我一眼，我都能发现，我很肯定，到现在为止从没有人喜欢过我），当然我死要面子，肯定不会去表白，也从没告诉过第二个人知道，不过年龄愈大，什么挫败感啊失落感啊自卑感当然就愈来愈重了。

所以，你肯定猜到了，对，我就是个二十好几都从未拍过拖，但又天天自慰的，有严重心理障碍的自卑变态老处女，而我也听说过，到处都是说自慰对身体不好啊，但那些言论都是针对男性的，因为下句每每就是“会阳痿”之类的，可是对于女性呢，却没人说过，至少我不知道。

自己无法去找数据，又不能问认识的人，那么，不如问你啦，反正你不认识我，而且我直觉你对下半身问题是颇有研究的，所以，彭 Sir，你可听说过这种从非常年幼时就开始自慰的女性的相关问

题么？这是有毛病还是怎么回事？这么折腾二十多年会不会闹出什么病来？

问完这堆问题，我都觉得你看得脸红了。如果生理问题你没有好建议的话，关于改造我现在的心理疾病又是否有良方呢，如何才能看开点儿呢？

P.S. 虽然信写得好像挺轻松，但我本人是不轻松的，更何况你也是位男性呢，哈哈。

Akt

亲爱的 Akt：

读过你信，总觉得自己像个医学院解剖系老教授，新入学同学在校园草地见我走过，都会低声跟同伴说："噢，这教授对下半身都颇有研究呢。"说实话，俺非专攻下半身，上半身同样关注啦。对于下半身问题，说不上翘楚，却总算可套用《赤壁》中金城武那句："略懂。"

如信中所言，要是你两岁就开始自慰，是比一般人早，但我实在看不出有什么变态，虽未至于要在国庆花车巡游中，加辆"全国妇女自主快乐号花车"去表扬，但亦非什么不光彩之事。上天赐予我们身体，就是要我们去自寻和理解其奥妙，得道领悟时间因人而异，各有不同，所谓学无前后，达 G 点为先，没关系，既然你没伤害人，我就认为没什么不正当，何必为此自卑？你认为舒马赫 (Michael Schumacher) 会在自己还没有考到驾照前，就试过驾车而感到羞耻吗？——嗯，这是我胡扯啦，我怎么知道他年轻时有否揸大胆车[1]？但即使有，试问又有多意外？

1　揸大胆车：指没有驾驶执照的非法飙车。

自慰是谁都无法剥夺你的基本人权，高风险投资可骗你钱、□□□□□□、□□□□□□□、同事想抢你功劳、父母欲窥你私隐、网友常偷你的菜，但自慰，谁也拿不走，抢不了。即使被关进大牢，法院充公你财产、褫夺你什么他妈终身公民权、剥夺你的政治权利，但怎样也阻不了你自慰，唯一被夺去这权利的，就只有汉代那位被皇太后吕雉行了人彘之刑[1]的戚夫人。

自慰，是你永远随身自主快乐之最后阵地，谁也无法剥夺的天赋人权，要不是老美那群开国元勋什么杰弗逊 (Thomas Jefferson)、亚当斯 (John Adams) 和富兰克林 (Benjamin Franklin) 等太过头巾气，早就写进了独立宣言啦。

当然，要是像那胡闹纪录片《大号的我》(Super Size Me) 的主角一样，用连续三十天吃麦当劳，去证明麦当劳的食物对健康有影响，我想，没有比这个更笨吧？任何食物要是连续吃过量，即使是叉烧饭，也会对身体构成负面影响。每天都自慰，就跟每天不停地做剧烈运动一样，任何事情做多了，都有伤害。

你八、九岁时碰上的意外，错不在你，那年纪对人没戒心，自然不过，算不上傻逼。坏人到处都是，碰上了，往后提高警觉就是，这不是因为你小时候自慰而发生的，即使从没自慰也会有可能碰上。无须为这种人渣而责怪自己，你是这事件的受害者，没做错任何事，无须背上任何罪咎。

才二十多岁，即使未敢称童颜，亦不可高攀作熟女，你算个啥老处女？要是让真正老处女看到，定当拍案大骂：“靠！这黄毛臭丫头，二十几岁傻逼算个屁？□□□□□，□□□□□□□□□□□□□！”

1　人彘之刑：西汉时将人变成猪的一种酷刑。把受刑人四肢砍掉，割去耳鼻，挖出眼睛，熏聋耳朵，毒坏声带。扔进厕所，见其蠕动，不闻其声。

行文间不难看出你是个懂自嘲、富幽默感的女生，别妄自菲薄。你自卑，又是处女，这是事实；但没变态，老，更谈不上。长期自慰不是件什么惊讶的事，有男生朋友会把自己的手压在屁股下，坐上个十五分钟，让自己的手麻痹了，再给自己□□□，目的就是为了让自己感觉不到那手是自己的，□□□□□□□□□□□□□。要说病态？哈，你还差得远呢。

自慰能让你更熟悉身体的秘密，不值得羞耻，反而可让你在将来跟伴侣亲热时，发挥得更淋漓尽致，就像从小躲在排练室中，自行苦练了二十多年的舞步，在和拍档参加湖南卫视的《舞动奇迹》时，自然耀眼全场。

我提议不妨把自慰当做每天对自己的一个小小奖励，藉此改善你跟异性相处时的紧张感。从今天起，你每天想一件小事情去跟异性接触，例如问男生一个无聊 IQ 问题，跟他们说一个没甚大不了的笑话，甚至随便请教一件小事，凡是跟异性说上一句话做上一件事，那天晚上就奖励自己自慰一次，要是当天没达标，就要忍手。

亲爱的，你根本没毛病，只是被传统道德价值观困得太死。中国人从来都主张自食其力，DIY 有什么见不得人？当然，我国民族好客热情，所以偶尔也不妨找人帮个手，助你一臂之力，做点举手之劳吧。

跟男生谈性，才不会令男生脸红，甚至有人会觉得可爱呢。都什么年代啦？《欲望都市》(Sex and the City) 都做到第六季啦。

祝活得轻松，学以致用。

上下身同样略懂的彭 Sir

PWV1 我有恋尸癖！！！SOS！

肥彭同志：

我有恋尸癖，感觉这样下去不行啊，心理极度扭曲，严重影响生活质量，请求帮助。

可以谈一下对恋尸癖的看法吗？如果你发现自己有恋尸癖，会怎么做？

Ming lu

Ming lu:

读过你信后，原谅我无法认同你以同志作称呼。不知道是否我在某些访问中说错话，或是在行文间令你产生误会，认为我会是跟你志同道合的同志？

不过在讨论你的问题之前，更重要的，我想跟你说，要是用“肥彭”这称呼的来信，一般我是不会答复的，主要原因不是品位的高低，而是脱离了现实。是否彼此对肥的定义有别？杰克·布莱克 (Jack Black) 是肥，安迪·加西亚 (Andy Garcia) 是瘦中带点肉，而我，很明显，倾向后者。因此你这样称呼，本身就已构成诽谤，不过大概是因为你只看过我早年的照片，太久没见真人吧，不知者不罪。算吧，当粉笔字抹掉好了。但如有再犯，绝不理睬，□□□□□□□□□□□。

关于你有恋尸癖这个问题，我欣赏你，因为你清楚了解自己的问题，是好事。但与此同时，从你行文用字间，代表你已被主流价值观完全洗脑。从你选择用“恋尸癖”这三个字来看，你已在自己的特殊偏好上下了贬义，就像称呼女生跟洋人拍拖为“溱鬼”一样。但我个人认为，在没有伤害其他生命的情况下，我们都应该包容任何一个少数群体，因此，关于我们接下来要讨论的，第一件事就是要先把那个“癖”字剔除，直接称为“恋尸”就好。

我认为在社会上，恋尸算是少数群体，但严格来说，却不能说是心理极度扭曲，因为恋尸跟易服一样，只是个人的一种欲望而已，只要没牵涉到非法行为，就不会对任何人构成影响。所谓非法行为，就例如透过盗取他人尸体，达致恋尸这过程，但必须弄清楚，法律所不容的部分，只是偷取他人尸体，而不是恋尸此事。

要是你喜欢尸体，渴望跟尸体相处，其实有关的工作也不少，例如解剖员、法医官、仵作或殡仪馆化妆师等，你平日甚至可以把美剧《识骨寻踪》(Bones) 当做美沙酮，长期播着来顶顶瘾，因为差不多每集也有验尸过程啊。

但我们得仔细准确区分一下，要是你是喜欢接触尸体的话，以上工作就当然适合你，可是一旦你是希望跟尸体发生性行为，那就超出了上述工作的范围了。□□□□□□□□□□□□□□□□□。这是一个严重问题，因为许多时候，你可能不是希望得到真实的尸体，而是希望有一种像尸体的感觉。

我觉得从正面角度去看，任何黑暗的尽头都会见到光明，换个角度，任何缺点都可能有它的好处。用一个老掉牙的故事来作比喻：一个鞋厂老板到非洲后，发现当地土人都没着鞋，于是感到很失望，认定这里没市场，预备撤资；但另一个鞋厂老板却很兴奋，因为他看到这里有无数的潜在客户，让他看到无限商机——就是类似的一个故事啦，不太记得细节，我怎可能记得这些？□□□□□□□□□？总之，大概就是这样的一个故事。

所以你恋尸，在感情上可能会是你的优点，最起码，你跟伴侣拍拖，就绝不会埋怨对方在床上的反应冷淡，因为愈冷漠愈死鱼，你就愈快高潮。唯一的一个问题，可能你要戴个耳塞，才能避免听到对方的呼吸和呻吟声（要是要求对方不呼吸和呻吟，那就太过强人所难了）。

关于你的另一个问题，要是我有恋尸癖怎样办？这个得想一下……我个人认为，我是那种会主动出击的人，正如伟人所说，要制造革命形势，同样，我会制造适合得到尸体的条件。而最好的方法，莫过于参考器官捐赠组织那样，去草拟一封尸体捐赠同意书，并订下规则，然后着身边朋友签名，好让某天他们仙游后，可以遗爱人间，润泽众生（那受益人当然是自己啰）。

当然，同意书内要清楚列明，对方自愿同意死后把自己的身躯交给我，让我保存一段时间（时间的长短，当然要对方订明，例如要求在尸体表面开始腐烂前交还家属或殡仪馆）。另外，其他细节也须写清楚，好像恋尸的行为，到底可以到什么程度？有否性接触？还是普通地存放着？还有，也要订明你能否改动他／她的外形，例如他／她死后，我能否更改他／她的发型？替他／她涂指甲油？或是换上一些什么护士警察制服之类？

我觉得文明社会，一切契约必须订立清楚。说不定有朋友愿意满足一下你的需要。当然我会告诉你，要是你草拟了这样的一份同意书，不用发过来，我是不会签啦。

我想，恋尸是个人的选择，并没什么大问题，最起码，你能肯定自己不会在感情上盲目追求天长地久，除非你恋的是木乃伊。

不是歧视你，但却真的不是你同志的彭浩翔

PWV22 一说分手就后悔

彭 Sir：

我跟他在两年前通过朋友认识，由于在异地，通过短信联系了一段时间，后来没过多久就断了联络，直到两年后高考结束了，他再次回到我的生命里。我们每天打电话，发短信。他是一个非常细心的好男生，我很确定自己深爱他。直到五个月后，我们才第一次见面。看电影的时候，他一直吻我，吻得很深。可是，其实当时心里有点疑虑，不是完全相信他。我的初吻是被一个陌生男人强吻。我后来一直觉得厌恶，我不知道为什么他的吻让我想起那个吻，但是我很明确自己是爱他的，他也爱我。后来晚上就没有胃口吃饭，觉得有点恶心。晚上我们去开房了，我本来没有打算会上床，只是想跟他待在一起，毕竟我们异地，能够在一起的时间很宝贵，他也很珍惜。

在酒店，他说晚点他还是回家睡，他怕自己控制不住。可是我舍不得，而且那次见面是我过去找他的。我让他留下，我们一直亲吻，他吻遍了我全身，很温柔，还为我□□。那是我的初夜，□□□□□□□□□□□□□□□□，完全不懂，也没有准备过。他拿我的手去触摸他的下体时，我一直缩回来，我也没有主动去吻他。结束后他紧紧抱着我。我什么都没有为他做过，我不知道他会怎么想，然后他对我的态度就变了，不再像以前那么好，甚至冷漠。那段时间真的很痛苦，过了那一晚，我就回去了。回去后觉得自尊心很受挫，被伤很深，接下来几天都是我主动找他。我们都没有交流过，只是我一直在胡思乱想，心里很难受，一时冲动就跟他提分手，他只是说如果你想清楚了，那我尊重你的决定。我说完就后悔了。

可是晚了，之后我每时每刻都疯狂想他，我都忍住不发信息给他，有几次忍不住发了几条关心他的信息，他只是很敷衍地回我，再过几天连信息都不回了。我一直到现在都放不下，很痛苦，我一直在反思。

一直责备自己，后悔死了。我很不了解男人，之前没有过性经验。现在我在想是不是我当时的表现很被动，让他觉得我不爱他。现在很痛苦。很想他。可是又离这么远，即使我想找他当面说清楚都难，不知道该怎么办。我一直爱他，好像愈来愈深，我觉得除了他我不想跟其他任何男人上床，我现在非常渴望跟他做爱，我想要他知道我深爱他。我们都是大一学生，我很害怕他很快会有女朋友，会跟别人上床，如果我知道了我会崩溃！我好想挽回，不知道该怎么办！

我是一个对爱情执著专一的女生，甚至有些极端。现在每天都很痛苦，内心很挣扎，什么事都没有心思做。亲爱的彭Sir，希望你能明白我想表达的，我不善于表达自己的感情。我想只要他还爱我，我可以随时过去见他，为他付出所有都愿意。

Alicia

亲爱的 Alicia：

这让我想起最近的一件事。

前两天，我朋友奶总从广州过来约我吃饭。席上，她跟我说她报社将办一个选举，希望我帮忙去当个评审。其实早几年她也找我做过类似的评审，像是选年度电影之类，因此我说没问题。接着她说今年的主题是个新项目，选的，是年度乳晕。听着，我差点把夹着的鲑鱼都掉到桌上，好不容易才镇定下来，把刺身放进口中。

我心暗想，哇！没想到已开放到如斯地步？当然，在惊叹改革开放之同时，我不禁也想，干嘛奶总会认定我是适当人选呢？我可没发表过任何对乳晕研究方面的论文哟。还有，即使真的要哥选，也该选……年度乳房吧？怎会想到年度乳晕呢？难道年度乳房已有其他组别负责了吗？那年度乳头呢？我是凭啥被编进年度乳晕这组别？要是大会只选乳晕的话，那是源于要见微知著，还是因为擒贼先擒王呢？选举标准该如何厘定？形状、色泽、毛孔、柔嫩度……

往后十多分钟的对话，基本上我都没听进奶总在说啥，只是一直被这个年度乳晕所引发出来的种种疑惑，搞得头昏脑胀。在我胡思乱想了差不多二十分钟后，终于鼓起勇气问她，我是因何而获得评审资格这荣誉呢？

如此一问才发现，原来要选的，不是年度乳晕，而是年度语文。

这代表什么？我满脑子很色？这个当然。我要恶补国语？这个也是必定啦。你得原谅，因为“文”的国语发音，跟“晕”的广东话发音相当接近，要是懂国语的人，当然不会有这样误解，但我国语烂，总以为什么国语发音，都是把广东话读歪一点就成，所以才闹这样误解啦。

其实我要说的都不是这些，这事让我想到，要是在听到奶总说年度乳晕时，就马上问个清楚，就根本不会花上二十分钟去胡思乱想，误解也不会放大或扩散。同样，我认为要是你希望重新开始，何不直接致电问他？就说那天晚上因为是你的第一次，所以处理得不好，有点紧张，才会提出分手，说完马上就后悔了，问他是否愿意跟你重新开始？问出的结果无论怎样，你也得个安心明白，即使不成，也不用每天苦想着他什么时候会跟别人上床，当然，也可能在你打这个电话之前，他早就（甚至从未停过）跟别人上了床啦。

其实从你信中细节得知，他会吻遍你全身，也为你□□，前戏做得这么足，相信经验也不少。说实话，有些时候我是那种比较相信直觉的人，要是在戏院里跟他的接吻，会让你想起那个陌生男人的强吻，这可不是个什么好预兆啊。

要是一个真心喜欢你的人，刚跟你发生关系，你跟他说分手，亲爱的，相信我，他定会死缠烂打，甚至跪在地上痛哭求你不要离开他，而不是“尊重”你的决定。这说明了一个可能性，其实他的目的，可能只是为了办到你，一旦办到，就忙着想怎样疏远你。谁知难得你竟自己主动提出分手，他都心中暗喜呢。

女生容易被“第一个男人”这咒语箍得死死，渴望跟第一个睡过的男人长相厮守，是因为你没遇到你真心想爱的男人，正如你跟他上床前，你根本没想过要跟任何男人上床吧。所以我认为，你尽管去问，但这不是爱情执著专一的问题，执著也要执著得有价值，择善固执，要是对方根本对你没意思，干吗还死缠烂打？相信我，爱你的男人，是不可能数天都不回你短信的。

P.S. □□□□□，□□，□□□□□□□□□□□□□□□□□，□□□□□□□!

小休：短打1

彭导，

请以最老实的态度去回答以下问题：

1. 乜嘢[1]叫做“飞越珍珠港”？在骨场[2]十大招数里面，这个我想了半天都想不到是什么意思。可否解释下？

2. 好想肯定一下，老人家说食隔夜鸡蛋会大春袋，不知是真是假？

Sam

Sam：

我就以最老实的态度去答你：

1. 不清楚。为了你这问题，我也曾请教高人，就连我助理那位对泛珠三角骨场有高度了解，外号邪骨小王子的泰籍（貌似）男友也无法解答，因此你得另请高明。但窃以为，目前邪骨界最大问题是门派太多，各派乱创招式名称，莫衷一是，弄得客官以为有什么奇门遁甲新花样，上门躺下才发现原来都不过是招式名有别，内里却是旧酒新瓶，妈的殊途同归。

当务之急，乃邪派正派骨界中人该摒弃门户之见，携手以于莎纷妮 (User Friendly) 为大前提，统一骨界武林各派招式名称，以方便大家识别。本人对邪骨涉猎不深，纯属愚见，直言莫怪。另，可告之其他九招是什么吗？

2. 据医生表示，此举并无科学根据，乃都市传说，二十多年前已见于《玉郎漫画》当中的太公报。但传闻一直说得不清楚，其实所谓隔夜蛋，实指煮熟后隔了夜的鸡蛋，害我小时候老是担心，因为除非你在你家后园养鸡，或住在农场附近，否则怎可能找到

1 乜嘢：粤语“什么”。

2 骨场：粤语指“按摩店”。正骨场是正规按摩场所，邪骨场指非正规按摩场所。

有不隔夜的鸡蛋？从鸡棚到超市的货架上，早就不知道隔了多少个夜晚了。

我倒好奇，要是你渴望□□大些粗点，我能理解。但，你要那么大春袋干啥？跟女生上床都用不上啊。还是只纯为穿紧身单车裤时，充撑一下场面？

彭生：

你好！请问你助理 Quin 打算什么时候做妈妈呢？

我申请她休产假的时候接她的班。现在，我每天都跟着奶奶去晨练，也不挑食了，爷爷说身体是革命的本钱，我已经做好跟着你南征北伐打天下的身体准备了，一口彪悍的广东话也在练就中。请认真考虑，我的年纪也不小了，不要让我等到六十八。

——下任助理：菜啦啦啦

菜啦啦啦：

首先，这不是个求职信箱，加上我认为你提及的问题，可能会对阿 Quin 构成心灵伤害（她都得请病假去看心理辅导啦），因为她什么时候当妈妈，不是她一个人可以决定得了的事，需得找人配合，如果你年纪不小，该能体会。

我认为，□□□□□□□□□□□□□□□□□□□□□□□□□□□□□□□，□□□□□□□□，□□□□□□，你那口彪悍广东话不用急着练，有的是时间呢。

——暂不是你老板：彭浩翔翔翔

Dear pang:

今年二十四了，虚岁都二十五了，头发还算茂密，身体还算健康，性生活还算愉悦，无固定女友，无积蓄，无房子，无车子，无银子，什么都无，前路一片茫茫，看不到光明，过着自己不喜欢过的日子，且无力改变这现状。

想在有生之年，做件自己能向以后儿女炫耀的事，算是不枉此生。希望你能帮忙一下，这忙就是，有没相熟的电影公司，我想投点剧本去试试，想拍部自己想象中的电影。

希望你能看到这邮件。感谢您，感谢上帝。

wei

Dear wei:

这电邮不是职业介绍所，要是有相熟电影公司，连我自己都想投点剧本去试试拍自己想象中的电影哟。更重要的，是你在无固定女友，无积蓄，无房子，无车子，无银子，什么都无的情况下，性生活还能过得愉悦。那，请问你他妈的还奢求什么——奢求什么（回音）？已经是不枉此生，得每天感谢上帝啦。你不打算日后才向儿女炫耀，你当下就已经来信炫耀了啦。

致彭导：

小姓刘，是一名土生土长的年轻人，职业平平、生活平平。但有幸经历了一段难忘的爱情，而这段情的不平凡是来自一个“嬲”字，一段关于两男一女的三角恋情。不知你有否兴趣去听听这个故事？小弟才疏，不知如何用文字去交代种种情节，所以有一个大胆的要求，可否从你繁忙的工作时间，抽一个多小时去听一听这个故事。

放心，这个不是桃色的骗人陷阱，有兴趣的话可以回我一个来电？(952×××××)

Kj LAU

致 Kj LAU：

虽然你强调不是个骗人桃色陷阱，看上去亦不像那些什么保加利亚前高官要借我银行户口汇笔巨款的那种骗财格局，但敝人还是认为随便致电陌生人，好像不太恰当啦。

有什么好故事，把它写下来吧，才疏是虚词，懒提笔才是实情。你连把事情写下来的力气也不想花，却希望我抽一个多小时去听？写好再寄来吧。

彭大导：

最近才发现你的 blog，而且你更新得快，对广大读者来说，是非常之好。我倒认为“你来寂寞我回嫖”好过瘾，却又一边看一边在费神（你是确实加重了我在阅读上的负担），到底那些来信是不是真的？因为那些电邮实在太好笑，所以才教我有点疑惑；又或者整个世界本身都已经很好笑（这个我相当理解）。

无论如何，我是喜欢你这个信箱的，继续努力。说到底，我只是来函测试这信箱是不是真的。

凡事抱着认真测试态度的 S

S：

来信及信箱都是真的。

凡事抱着认真恶搞态度的彭

彭浩翔：

你是多么有趣的人，读的书很多很多很多，比知识分子还多。总之就是人间有你真好啊……

以后经常给你发发邮件，人也不至于抑郁。

所以，祝你未来几天安好。

你到底给多少人带来了快乐呢？自己也有不快乐的时候吧？那么，就在我的祝愿中让它们死掉吧。

我希望你活得久一点……

BRIDGETGREEN

BRIDGETGREEN:

怎么看来看去……这都像封恐吓信哟。收到后，害我近来每次小便，都得不时回头察看。

拜托，要是我万一有天发生了什么三长两短意外的话，重案组的警官们啊（才不见得一定会惊动重案组啦——操你妈的傻逼以为自己是啥个大腕呀？——突然不知从哪水渠洞处冒出来的网络愤青谩骂），定要沿这电邮作线索入手调查呢，别一味只归咎我最近新买的那双 MBT 鞋啊……我都知我都知，行路脚跟不着地，乃我国风水文化之大忌哟。

难怪中学时作文如此低分，每次总是不知扯到哪里去啦。

Dear 彭导：

本来打算给您写信的——其实也已经写完了，后来又修修改改，自己再读一遍，原来所有的疑问我自己都有了答案，我想其

实很多人自身的困惑，在他的潜意识里已经给了答案，只是缺一个动机一个提示，或者是一个刺激。世上无新事，我的困惑难过无奈也并不奇特，自己给自己说完发现就那么点事，都不好意思跟别人说，但是倾诉是重要的，不自己整理思路是不会醒悟，说给别人听的时候，自己也就整理思路了。很感谢你，不然我还不会发现原来这么简单，这世界信息太多，所有人都在讲道理，那就是没道理，自己悟出来的才是真道理。

很感谢您的小 H

小 H：

天下万物，生有时，死有时，写信有时，答信有时，此谓□□□□□。人人都像你这般，我专栏都要关门大吉啦，杂志老编大人也不会再给我那高跟鞋斗零踭[1]般大的稿费哟。自我能解决固然好，所以我常鼓励读者自慰啦……但拜托，为促进□□□□，也留口饭给敝人吧。下次一口气写好就发过来，别再修修改改了。

Dear Peng:

彭 Sir 是个能说会道的人，舌头涂了一层油，脑子里面尽是乱七八糟的东西，如此强悍的身体条件，想必是个泡妞的高手。

近些日子，喜欢上家附近幼儿园里面的一位 Miss，苦于不知道如何去接近人家，最少能问个电话号码都不错，鉴于自己也不是个嘴巴了得的人，不好意思当面问人家拿号码，请问彭 Sir 有冇什么绝招

---

1 斗零踭：高跟鞋的一种。某些高跟鞋鞋跟设计成很幼细的形状，就如香港的五仙硬币大小，港币五仙又称作“斗零”，故称幼细鞋跟的高跟鞋为“斗零踭”。

可以问个号码。

无名氏

无名氏：

泡妞高手不敢当，舌头是否涂油得要看对象，平常一般都是涂砒霜，嘴舌都毒得差点要提前下拔舌地狱，以纾解下面汹涌民情哟（大群拿了筹排着队等勾我脷根[1]的牛头马面，都因为主办方安排不妥善，轮候时间太久及有人插队等问题而鼓噪啦——晕，连在地府也当红人真累喔）。

要是嘴巴不甚了得，什么方法都可能出乱子，加上这种无联系的搭讪，从来失败率都高达 80% 以上，所以我觉得与其想些不切实际的花招，不如来个正面进攻，直接在校门前等她，坦白跟她说你想和她交朋友，但不想装神弄鬼，所以就直接过来问她名字电话。正面交锋，即使失败，杀身成仁也算个死得轰烈嘛。

1 脷根：粤语，舌系带。即连着舌头底部的那组肌肉，古时有人说，要是生前经常乱说话，死后下地狱时会被牛头马面勾走那位置，这样就不能再说话。

上午

第二课／你假装正经　我就假装不正经

PWV14 秃男心事有谁知

彭导：

你好，最近一直在想一个问题，秃顶对于一个男人来说，到底意味着什么（很庆幸你不用考虑这个问题啦～）？但现在令我最焦急的，莫过于在弄明白这个问题之前，便可能提前对我曾经的满头黑发 Say Goodbye，而我还是个大学生……

说来也奇怪，我的脱发史已有好几年，可是至今也未完全掉光，于是我的心情呢，也从最初的十分沮丧，变为了如今的一分沮丧＋九分"看你多久掉光"的心情。特别是最近，我愈发有种让这三千尺早早脱光，去剃个光头的冲动。其实剃个光头也不差，阿加西、布鲁斯·威利斯不就是光头党中型男的代表吗？有型有款啊，于是乎我就如此安慰自己。

虽然嘴上说是这么说，但男人有没有头发，毕竟差别还是大大的，秃顶男人的自卑是一般人无法想象的！特别是对于异性的吸引上，已经无数次听过别人的择偶标准（特别是不以结婚为目的的纯发春期恋爱阶段）：其他什么都好说，秃头男免谈。打击或多或少还是有的，而且还不小……

今天又莫名其妙地自暴自弃，仿佛是每隔一个周期就要如此，伴随间歇性的自残行为，这也是为什么如此急切盼望你解答的原因，只怕指不定哪次控制不住就……

简而言之一句话：秃头的男人难道真的就如此的卑贱吗？或许这个问题不是那么咸湿[1]，抑或不那么引起注意，但麻烦彭导或助

1　咸湿：粤语"好色"之意。

手小姐务必帮忙，不胜感激。

Francis

Francis：

要是你认为你的问题不够咸湿，就引不起哥注意的话，那实在妈的不把你哥我当兄弟啦，所谓一方有难，八方支持。这不是你自家儿的问题，是咱们全中国男的都将要面对的危机哟。

好啦好啦没错没错，你是面对得特别早啦。但这我不太肯定，因为你也没说自己年龄啊，虽然你说是大学生，可是学海无涯，香港也推出持续进修计划呢，因此有可能你年纪不小，才回大学念书啊。但就先假定你是正常入学年纪吧。

我想脱发最大的问题是，即使跟同辈异性约会，明明年纪相若，但女生可能都难免有冲动想叫你一声干爹；明明一起上课，饭后还想伸手问你拿点交际费或拉你去给她买个Gucci（叮当叮当～　谁呀？　请问是彭导吗？　我是，哪位？　我们是反歧视委员会，哇靠，每次都这么快找上门）。

算啦算啦，侃你的事哥就别说太多，免得你看哥回信，看到这里又悲痛得再掉头发啦，还是回重点，认真讨论你的问题吧。请放心，我不会像其他人一样，幸灾乐祸地跟你说："不如趁还没脱光前，就先把它剪个精光吧，这样人家就会觉得光头是你自己的决定哟。"我认为说这论点的人很不负责任，就像你跟他说偶尔有次于房事中不举，他便着你与其这样，不如直接把那话儿放到砧板上，然后一刀斩下去自宫，免得将来阳痿时丢人一样的不负责任啊。放心，我不会这样说。

可是，你也得脚踏实地，别再举什么布鲁斯·威利斯作例子。当然，他也有脱发烦恼呀，但没关系，他还是很容易就可以在酒吧把到正妹，也有大量女影迷争相要去办他，因为——他是他妈的布鲁斯·威利斯呀！你有演过《虎胆龙威》(Die Hard) 吗？《第六感》(The Sixth Sense) 海报上有你的名字吗？要是你硬要让自己继续栽进陶醉于“光头也有型男啊”这种虚幻概念当中，而不务实点，我得告诉你，你实在要多看两次《虎胆龙威》，因为你的爱情运一定 Die Hard ——死硬。

我想，正如你所说，在谈恋爱这方面，要是以实际结婚对象为目标的话，相信你还是不用太担心，因为真正要发展成熟关系的女性，是不会介意男生的头发哟。但你关心的，其实是希望在这个大学生的年纪，在校园或的士高里，发生青春期恋爱的那种青涩爱情，说白一点，就是没头没脑地上个床，对吧？这种活，还真的挺靠外表的。

自暴自弃不是办法，首先，脱发这事实掩饰不了，我觉得与其戴假发，不如实际一点。你没附上照片，因此我无从得知灾情的严重性，但要是只是前额发线往上移的话，这还好，因为还有点补救办法，你就索性跪在父母跟前，含泪向他们斟个茶叩个头，然后跑到有关部门改名字,把姓氏换上爱新觉罗（不用担心祖先的怪责，要是他们真的来报梦骂你大逆不道，你倒可以反驳他们，干吗给你留下这早脱发基因），直接装个满族后人，八旗子弟，剃发留辫，把前额的头发都剃光，然后跟在酒吧泡到的女生说，你是为了坚持满族尊严。

我觉得这样还可找到懂得欣赏你的人。当然，要是你说在车墩当群众演员，那就太没格调了。□□，□□□□□□，□□□□□□□ □□，□□□□□□，□□□□□□□□□，□□□□□□ □，□□□□ □□□□□□□□，□□□□□□□□，□□□□□□□□。

PWV50 小六就开始喜欢他

彭导：

觉得你有点八卦，好像很喜欢听人家讲感情方面的事。

我小学六年级的时候开始喜欢一个男生，现在大二了。但是很悲剧的是他那时候喜欢我的好朋友，不喜欢我，我们只是比一般同学好一些的朋友。所以啦，后来上初中，我故意和他选在不一样的学校，高中也是一样，因为我觉得像我这样水性杨花喜欢帅哥的人，应该很快就会喜欢另外的人了。但是你肯定也会了解，心里还是放不下啦。中途联系有写信啊，打电话啊这些。但是肯定是我写给他，打给他啊，只是他也有回。

前段时间发现好像我周围的人都知道我喜欢他，所以那时候一冲动就告诉他了，我说我有一支黑色的钢笔，用了七年了，我喜欢你的时间比用那支钢笔的时间还长。他只说，呵呵，没什么啊，上大学还有很多机会。那天在家找东西，找出了他以前写给我的信，最后一句是，我希望我永远是你的朋友。其实我们真的还算很好的朋友，所以一冲动就去校内上找他，看了他的状态，才知道他现在心里有喜欢的女生，那时候觉得好受伤啊！回忆一下就打翻了，我想我很难忘记那个下雨天忽然跑到我伞下的男生，很难忘记那个在楼梯口等我放学然后很不屑地把生日礼物给我的男生，很难忘记那个借了我一块钱却要我还五块钱的男生，很难忘记那个因为我东西太乱帮我收拾的男生……

哎，但是人有时候就是自己在纠结嘛！现在也没什么联系，每天有很多事要做，但是这段时间老是梦见他哎！梦见他欲言又止的样子，觉得好闹心啊！

敏敏
于艳阳天下午

亲爱的敏敏：

在多伦多往香港的飞机上，我读着你的信，感觉都很岩井俊二，很《四月物语》(April Story) 再加《花与艾丽斯》(Hana and Alice)。此时，座位前的电视正显示着飞机经过西伯利亚雪地，于是我趁各人熟睡时，偷偷把窗拉开一线，但又不敢开得太大，免得光线透进机舱，影响别人入睡。

一面看着雪地，一面想着你的深情往事。

你的信都让人回味，那种即使表白都要闹别扭的青春少艾，无厘头硬要扯到黑色钢笔上，在成长岁月里，得要有如此荡气回肠哀怨苦涩作点缀，好让日后出差于飞机上，旁人熟睡时，可从脑海记忆深处拿出来反刍回味一下。

其实明显的，此男目前并无正式发展的决心，但他对你没意思吗？我又不会这样认为，大概时辰还未到吧。也许多年后，彼此会在别的城市相遇，要不你早已把他淡忘，否则你们大概会守不住，激情上好几晚，把当年已酝酿发酵，却没入口品尝到的情愫干个痛快。

那能解开你的纠结吗？恐怕只会酒入愁肠愁更愁。

当然，现在跟你说这事可能太遥远，解决不了你现在纠结，但我认为，在艳阳天的一个下午，有这样的闹心，也是日后值得回味的事情。顺其自然吧，要是连闹的和纠结的都没有，连魂牵梦萦都没啥对象，未尝也不是种悲哀啊。

彭浩翔

于西伯利亚的雪地上

PWV41 希望你能点开我

彭导演：

你好！

我今年二十五岁。从小我就很自卑，这种自卑感来自于我的家庭。我们家五口人住在一间六十平方的房子里，十五岁时我还和父母睡同一间房，半夜常会听到父母的做爱声，我不敢翻身，连呼吸也会变得很小声，我很害怕，希望一切快点结束。在我上幼儿园的时候，爸爸每天会接送我上下学，吃完晚饭，一定会骑着自行车带我去买小蛋糕，那是我最幸福的时光。

爸爸和妈妈是自由恋爱，他们在同一个单位上班、认识，然后结婚，也在同时失业。失业后爸爸变了，脾气开始变得暴躁，经常没有理由地吼我妈妈，妈妈被爸爸骂哭了，我却连安慰妈妈的勇气都没有，只敢跑到厕所里哭，哭完出来假装什么事都没有发生过。妈妈是个吃苦耐劳的女人，她半夜三点起床熬粥，六点推着车出去卖早点，为了顾及爸爸的颜面，她从来没有叫爸爸帮过忙，空闲的时候还会去阿姨家做钟点工，阿姨是她的亲妹妹，你能体会那种感受吗？有次和妈妈睡在一起，妈妈说，她觉得自己很下贱。我听着很心酸，但又不知道对她说什么，只敢躲在被子里偷偷地哭，我知道妈妈也在哭。我不是不理解爸爸的感受，但是想到妈妈，我从内心里看不起他。

十七岁那年，我中途辍学打工，因为年纪小，工作中出了几次差错，被老板开除了，我回来问爸爸，我可不可以继续上学，他却对我大发脾气。那次的谩骂我此生都不会忘记，我为什么要辍学？怎么找到的工作？为什么会被开除？他从来没有问过我，

从来也不关心我，只会在我跌倒的时候看不起我。爸爸和我的关系终于到了冰点，我们不再说话，甚至在街头遇到，也会当作陌生人一样擦身而过。

这些事情我从未对任何人提起过，因为我很自卑，我恨爸爸的自私，恨妈妈的懦弱，成长的经历已经深深地影响到我的性格。现在我也交了男友，我们已经住在一起了，他很爱我，我觉得很幸福，虽然他不明白爸爸为什么从来不和他说话，但是为了我，他也从来没有埋怨过。

不知道你是不是真的会看到我的信，也许我只是通过这个管道来排解我内心的自卑，谢谢！说出来我舒服多了。

qian

亲爱的 qian：

读你的信，让我想起很久之前看过的一则故事，本想找出来直接转贴在此跟你分享，可是由于是太久之前看啦，不知从哪里找，就只好凭记忆把故事的大概，用我自己的方法重写演绎出来，当然也有增删改动吧：

一天，父亲下班回家，发现儿子房间乱七八糟，抽屉全都被翻出来，满地衣服，有仿似被搜掠过的痕迹。当父亲靠近那一片凌乱的书桌时，却发现了张字条，父亲认出那是儿子的笔迹。

亲爱的父亲：

请恕我不孝，如此不辞而别，感激十六年来你与母亲的养育之恩，但几经挣扎，思量过后，还是觉得不当面说明会比较好，因为我怕离别，同时亦肯定你和母亲是怎样也接受不了我和玛莉之间的爱。但我还是想告诉你，虽然我明白玛莉可能不是你们心目中所

期待的媳妇，但请你们相信，我和玛莉的爱，是真挚的。

我认为只要两个人真诚去爱，二十年的年龄差距不是什么大问题，请不用担心高龄产妇这问题，因为我们已经用事实证明了，即使过了四十六岁，我们的爱情，还是可以结晶的。

何况目前提倡全球一体化，肤色差异已经不再重要，玛莉也很努力学习中国的传统，现在她已懂得用四川话叫爸妈你们的名字啦，即使到酒楼吃东西，她都快要懂得点些简单的菜呢。加上冈比亚的语言，其实并不难学，相信你们之间日后互相沟通，该没什么大问题吧。

当然，那是将来的事，但这一刻，请原谅我们走得匆忙。我们目前实在不能继续在此待下去，玛莉跟□□海关之间有点误会，他们与玛莉对过境时的随身物品有点文化上的差异，在玛莉的文化国度中，那不过是自娱自乐的小天使，但在这里，却被翻译成另一个没生气的冰冷词汇，叫毒品。因此，我们得离开这里，想办法偷渡回她家乡。她的同乡已为我们安排好，我们日后会住在那里的一个小农庄，两口子过着简单幸福的田园生活，闲时聊聊天，照顾一下后花园的大麻田。待收成后，一部分会拿来自己抽，请放心，玛莉怀了孕，为了我们的宝贝，她不会抽，而我会把大部分收成拿到市场上去卖，赚到钱，就跟她前男友买些海洛因，以纾缓玛莉在治疗过程中的痛苦，毕竟，治疗艾滋病的药物所带来的肉体痛苦，并不是人人受得了……

爸，看到这里，要是受不了，请放心，上述说的都是胡扯。桌面上的杂物中，夹有今天学校发的成绩单，对不起，不合格的比合格的多，但说这个，只是想告诉你，其实生命还可以去到非常糟糕的地步。要是你消了气，就在妈回来前把成绩单签了，然后致电我，我在同学家中边打机边等你。

你的儿子

尼尔·盖曼 (Neil Gaiman) 说得好，一个故事只要够好，也许你会忘了它的出处和作者，但故事内容总是在。这是其中一个我常常会想起的故事，我总是提醒自己，生命中永远会有更糟糕的时候。因此，遇上噩运倒霉事，没关系，熬过了就好。

我不敢教你如何跟你爸相处，因为我不认识他，也不知道他在事业和工作上受过啥压力与波折。你妈固然是个伟大女人，请代我向她表示敬意。

虽然我没资格教你怎样跟父母相处，但我想说的是，你无须为了家庭的背景而感到自卑。每个人都有开展属于自己家庭的机会，你在他们身上看到不好的，就记着，将来别在子女身上循环一次，要把事情推往所谓正面性回馈，过去的惨痛也可转化成激发你改善生活的一个原动力，而不是沦为成长之阴影，努力把自己将来的家庭，带往一个幸福的方向。

找到一个爱你的男人，很好。尽可能尝试让你男友跟你爸和平相处吧，没必要让你男友为难。也许有一天，你有了自己的家庭后，体会父母的心情，又会有另一番感受。

记着这故事，鼓励自己，告诉自己目前的生活其实都不错，生命中永远都会有更糟糕的情况。只要想到这一点，困难都较容易撑过去。

PWV10 可以犯贱吗?

彭生:

你好，在我看完你拍的电影，读了你的 Blog，买了《破事儿》这书通宵看完之后，还是决定发一封电邮给你。

一直有一个问题想问你，男人到底是不是可以随便和一个女人上床呢？不管那个女人他有没有感觉，他喜不喜欢。

是啊，我遇到了这样的事，这个男人是朋友的朋友，比我大八岁，第一次见到他，他帮我做戏，拒绝了一个男人的表白，我想我从那个时候对他就相当有好感。

后来，我从来没想过，发展到和他那样，这样不止一次。

在床上，我们会嬉笑打闹，早上他醒过来，还会唱 Eason 的歌给我听，甚至如果他提前离开，会给我一个 Goodbye Kiss，好吧，可能这些小小的东西，我太主观地把它收纳为他对我小小的好感。

但有一次，当我向他挑明，他竟然对我说对不起，说是他做错了。之后，我为了挽回我的面子，说："其实，我并不是想要怎样。"只是觉得即使这样的关系，也让我感到很不公平。

然后，我仍然继续犯贱。

一个经常犯贱的人

亲爱的小贱人：

请容我这样称呼你，因为以"一个经常犯贱的人"作上款有点长啦，所以就简化为贱人，也加个"小"字来提升一下可爱度吧。

读过你信，就更肯定了我开设这个专栏的目标是正确啦，敝人实在任重道远，为了大票大票地掴醒在爱海中无法看清真相的痴男怨女，即使皮破血流手抽筋也万死不辞。

能够在床上一起嘻哈打闹，早上醒来会唱 Eason 的歌给你听，还会给你 Goodbye Kiss。作为男人，我可以告诉你，这个男的，绝不是对你没感觉呀，笨蛋。

大概你碰过的男人不多，不是每个男生都会做这档事，我想可能连 Eason 自己早上醒来，也未必会唱歌给徐濠萦听呢（当然也有可能唱了被骂干嘛吵醒人也说不定啦)。

□□□□□□□□□□□□□，□□□□□□□□□□□，□□□□□□□□□。□□□□□□□□□，□□□□□□□□□□□□□□，□□□□□□□□，□□□□□□□□□□□。□□□，□□□□□□□。

有时候，男生会习惯性说对不起，或是说他做错了什么。在成长中，男生明白到，要是跟女生争拗的话，总得先说对不起，有时候这样像狗般的训练，对不起就成了口头禅，但其实可能他并不是真正明白到自己错在哪里。

他认为他做错，可能是指自己是你朋友的朋友，也比你大上八年，觉得自己还没肯定一段长远关系。对，他是犹豫，但肯定不是没爱。当然，你可以马上打烂沙盘问到笃，迫他厘清你们之间的关系，就像廉政公署调查主任落口供，要他交代过去十五年所有的入息申报证明一样。但这样，他可能会退缩。

当然，你没什么损失，拿个 iPhone 设定个早上自动响闹歌曲就好了。但问题是，这样，你开心吗？犯贱没相干，重要的是犯得开心，在过程中找到快乐，不用急。

时间会给你答案的，不妨跟他说给他一个时限，要是在 Eason 推出下一张新大碟前（在这先为这男生求情，精选和 EP 就别算啦)，他还没肯定到你俩之关系的话，那你就得结束他的清早床上歌唱生涯（起码不能再在你的床上登台啦)。

凡尘没几个圣人，大都是些相濡以沫的贱人。

祝贱出真爱。

PWV44 递个纸巾就上位

彭导：

很高兴能够见到你这么勤劳地为我们解答感情上的问题，对你也挺仰慕的。呵呵。赶上尾班车，写封 Mail 给你。

入正题了。恋爱了两年的女朋友前一阵子终于跟我说分开了，她身边一直有个男的喜欢她，对她好。这次分手她也叫他来了，明确告诉我，她喜欢他了，还把我送她的银链还我了。

我打她手机，她干脆把手机给那个男的拿着，我 MSN 联系她，她也没有什么反应。总之她见到我就烦，不想再听到我的声音。前几天她刚好平静下来，我又跟她在 MSN 上说了很多废话，她又不爽了。

其实，一直以来我对她都不是很关系（心），因为自己绝对我也有事要做，我还有（要）努力读书，然后赚钱让（养）她的。但是，她过（个）中的寂寞，我现在才领会到。我伤得她很深，她什么都给我了，把她的爱全给我了，而我自己却不知道。

有时候我想明白了，绝对放手对大家都好，但是，过了一阵子还是不舍得！我怕她被骗，怕她受伤。我是很蠢的，我愈逼她就愈上那个同学的当。那个同学只要递个纸巾，就马上上位了。

我真的不知道该怎么办？每天晚上、凌晨醒来，想的就是她，电话也从来没有关过机了，因为我怕她找我（一直都没有）。

初恋，为什么这么难呢？一想到她对我的好，眼泪就自然地流下来，虽然我很想 Be a Man。

语无伦次，希望你懂！

无赖

无赖：

确实，你真应该 Be a Man。既然人家决定离开你，你又何必勉强呢？你才不是担心她受骗怕她受伤，只是舍不得她被人抢走而已，就像孩提时，玩具给人家拿了，你就不甘心。

爱情，从来成王败寇，新欢旧爱仿如政权交替，自己保不住权位，有啥好怨？你的倒台，源自你的感情内部腐败，人家才没设什么当让你上来坑你。说起来，虽然此女带同新欢来分手是挺狠的，但交还礼物就已表明破釜沉舟之决心。

你急了，自己再送自己一程又可怪谁？喂，你都让出来了，易上不易上又与你何干？怕她受伤？亲爱的，连你自己都知，跟你一起，伤得浅吗？

踏上人生新一页吧，别说不关手机，干脆就把手机号码都换啦。你根本不用怕她找你找不着，现今网络方便，要是她真的想找你，自然能找到。

既然知道自己感情死因是对她关心不够，我认为你是时候重新检讨一下自己，别再把有事情要做努力读书将来赚钱养她来作借口了，不管你是公司 CEO 或是小助理，也该有时间去关心身边伴侣。

所有种种都不过是借口啦，关心不是要从早到晚管接管送，而是适当时刻的关怀，哪怕只是个嘘寒问暖的短信。没有人真会忙到如此程度，要不然数亿同胞都不用拍拖了。你连念书时也没时间去关心她，那么将来出来社会工作后，你能赚钱养活她时，不就更没时间了吗？

来信的第四段明显特别乱，错别字也多，证明你写时急了，情绪起伏大，这时候特别容易泄露大脑潜意识。正如弗洛伊德所说，没有错误之偶然的，你迟到，是你潜意识对赴约的一种拒抗（当然，下班时间堵在西直门桥的司机大哥可不认同)。

说得好像有点玄,但以我国文化思维作翻译,此举有另一学名,叫鬼拍后脑勺。你把“养”写成“让”,任何一个测字师傅也会告诉你,此段姻缘注定缘尽至此,施主何必执迷贪嗔痴,养不成,就让吧。正所谓,天涯何处无芳草——确实天涯论坛的果不少哟(这不是植入式广告啦,但要是天涯硬要向我招商的账户打钱,我也无妨)。

好言相劝,希望你懂。

PWV31 妹，哥对不起你！

彭导演：

你好。一直都好钟意你拍的电影，上次参加了你去暨南大学的见面会，开始喜欢上你写的文章。由小到大，都有一个感情问题困扰我，但可惜与性无关（阅读兴趣是否已经减半？呵呵）。

我刚毕业出来工作，有份很钟意的正当职业，平时除了看盗版电影外（Sorry，请宽恕我吧），就很少上网，不宅。从读小学开始，就特别钟意同一些有幽默嘅男生一起玩（正常社交而已）。到中学，一些女同学在一块儿谈靓仔啊，有钱仔啊的时候，我就会有另外一个想法：将来我的男朋友或者老公，一定要是一个特别幽默，特别会搞笑的人。

对于中国大陆的80后来讲（对于现在的90后，当然是不适用啦），中学生的爱情是奢侈品，很少人拥有得起；大学生的爱情是日用品，你没有就好寒酸。为了不落人后，我在大学一年级就同了一个正常，但有些闷，不会搞Gag的男生在一起。但好快我又离开他，因为我觉得他给不了我想要的幽默和搞笑。

后来，在一次课外活动中我遇到一个风趣幽默，比较有才（与彭导比当然差远了）的男同学，当时觉得他就是我梦想中的类型，这是上天赐给我的一段缘分，于是我就表示了对他的好感，而他都知道我钟意他是因为他够幽默和搞笑。

但在一起没多久之后，有一日，他发短信同我讲："我好攰[1]了，唔想再每日讲笑话俾你听，唔想再为你搞笑，我唔再同你一齐了。"

1　攰：发音gui。粤语，疲倦、累。

在这一刻我才明白自己原来如此自私。哪有人像我这样，为了每日可以听搞笑的事去同人拍拖。或者这就等于一个男生同个女生讲到明：我就是为了做爱才同你在一起哒。

之后，我开始改变，开始关心身边的朋友，开始学习氹[1]人开心，搞笑的方法，直至突然有一天，愈来愈多人同我讲："我发觉你都几搞笑嚅。"我看过一本心理学书，说如果当一个人好钟意一种类型的人，但又得不到的话，他就会慢慢变成这种类型的人。或者我就好似本书中所讲的那样吧。这么多年来，由于搞活动或者工作原因，都会接触到搞笑幽默的男生，但我都以平常的心态去与他们相处，不再有非分之想，一来是因为通常有幽默感的男生，都只会对漂亮的女生感兴趣，我又不太漂亮；二来是我也很怕重蹈以前自私的覆辙。

我有几个朋友，他们经常都会搜集一些笑话（虽然在我看来这些笑话实在是又老土又不好笑），他们以短信形式发给女朋友，或者在讲电话的时候安插入去，有时我见到都好羡慕。有些朋友劝我："你还是选择一个安静的，内敛的男生啦，你虽然口才好，但幽默聪明的男生口才还好啦，你又不靓，只有漂亮的女仔才吸引到他们的注意。"朋友的建议都是为了我着想，但我怕将来嫁给了一个安静的人后，此生都会后悔，都会心痒痒去寻找一个幽默而搞笑的。

一般的女仔被另一个男人所吸引，无非是因为他有钱、靓仔、细心、对她好、有事业等等，虽然我性格和经济都比较独立，但请问导演：在爱情中，我执著和追求于一些不现实的，不能当饭吃的幽默、搞笑元素，其实会不会不太正常？

---

1 氹：粤语，哄人、逗人。

或者你会问：在我意识里面，怎才算搞笑的人啊？我小时候喜欢看周星驰，大了喜欢看黄子华。呵呵，好似彭导演你在公众、传媒前表现出那种 Feel 就是 My Cup of Tea 啦，但如果你说私底下你是一个沧桑，很 Man，或者很深沉的人，那我就不清楚啦。

以你的本性，觉得对于幽默搞笑的男生来说，女性除了美貌与身材，还有什么是可以吸引到他们呢？

以上就是我的“幽默”情结故事，比较长，没有性，但写得认真；我是读医科的，所以不太相信心理医生，彭导你也是一个极具幽默感的人，很想听听你的意见，盼回，感谢。

小仪上

亲爱的小仪妹：

哥我带着一种沉重的心情去读你的信，不是因为来信跟性无关，只是哥读过信后，不禁要跟你说一句：“妹，是哥害了你啦。”

大概是命运对妹的捉弄吧，你太早认识哥了，欣赏我的幽默，让你后来爱情路变得崎岖，苦了往后的男生，□□□□□□□□(□□□，□□□□□□□□□□□，□□)：□□□□，□□□□□。□□□□□□□□，□□□□□□□□□□□□□□□□□，□□□□□□□□□：“□□□□□□□□□”。

哥在幽默感这方面的强，就如□□□□□□传说的一样，问题不是哥把你的门槛设定得太高，而是哥都把门槛提升成一道城墙啦，别说要跨过，连带攻城长梯想去攀，门都没啦。是哥破坏了你的幸福，但愿中国有识之士能制止年纪太小，还没拍拖经验的女生，去品尝我的幽默感，免得尝过鱼翅回不了头，徒守空房独遗恨。

算了，再胡扯要被其他男生喊打啦。说实话，希望找个风趣幽默的男生，我觉得比找个在床上棒的来得好，毕竟在床上干那活，才不过几十分钟，一次跟另一次之间也要回气，那是唯一中场休息要比每局赛事时间要长的运动。要是中间时段他不能让你感到快乐，还是比较没趣吧。

再加上一个真正幽默风趣的男生，要是真的喜欢你，自会喜欢展现自己的幽默感，他才不会因为要在你面前搞笑和说笑话而感到疲累啦，他应该时刻都乐在其中呢。所以要是他告诉你，每天跟你说笑话搞笑都觉得累，就证明他根本天生不是那种人，只是因为知道你喜欢，所以才努力在你面前假装，让自己变成符合你心意。

假装是有限度的，爱情不应该是容忍，而是包容。要是一个人容忍别人的缺点，那种感情就有限度，你得把缺点变成优点，你喜欢他，就应连他的缺点也接受并喜欢。

把自己变成一个幽默的人，没问题，反正这样能为身边的人带来乐趣，也是好事。就平常心去找吧，中国这么大，总有有趣的人。当然，别老拿人家来跟哥比较啦，这样不单对方辛苦，你自己的幸福也要被拖垮。哥是奇人，是传说，是神话，是乌托邦，是蓬莱，是镜花，是水月，是魔兽世界人人议论却无法找着的神秘武器宝物，只可远观而不可亵玩啦。别再说这话题了，别的男生快要相约在我家门口伏击围殴我啦。

你朋友的见解有个谬误，嫁个安静男人，并不一定比嫁个口才好的来得正确，安静的人也喜欢漂亮女生，有无幽默感将来也有机会劈腿，既然你将来要面对他外遇机会都一样，何不选一个能给你快乐的人呢？这想法虽然有点消极，但未尝不对。

幽默感不能说不可当饭吃，一个有幽默感的人，能令朋友之间的关系融洽，交朋结友也方便，在社会上有人脉，就是个重要资源，他工作上会有更好的升迁机会，所以不见得对生活没直接帮助啦。即使没发达，但生活得开心点，不也很好吗？做人最重要是乐观和积极，有幽默感的人，就能够乐观一点。

像本人就是个乐观的人，我总认为生活中都充满机遇。近年看报刊，让我对中国的未来充满信心，我认为往后的二十至二十五年内，中国在化学和病理学上会有非常突破性的发展，成为可连续问鼎诺贝尔化学和病理学奖的热门国家。

因为我们正处于一个最好的时代，你试想一下，世上有哪个时代哪个国家，他们的小孩能够从小接触到这么多的化学和医学词汇，在还没戒奶时，就学懂了三聚氰胺；在田野里赤脚奔跑的日子里，就听过 H5N1、葡萄球菌、A 型肠毒素、氯霉素、四环素、禽流感、苏丹红、孔雀石绿等。古语有云，时势造英雄，就像比尔 · 盖茨和史蒂夫·乔布斯一样，都是成长于计算机刚起步发展的风口浪尖年代，继而乘着浪成就为计算机界巨人。而我们呢？正有着这样一个对化学和病理如此普及的大环境，未来化学和病理界将是我国天下。

你看，只要热爱生命，乐观积极，什么事情都可看出契机。在人前表现幽默的人，许多时候都会把能量全发放出来，老实告诉你，在私底下，我就是一个很沧桑，很 Man，和很深沉的人，带点黛玉葬花的忧郁气质。有时候我一个人坐在雕刻时光咖啡店里，你从远处望过来都会惊讶，怎么罗丹的思想者都搬到北京来？

既然读医，我想你的基本生活应该不太惆怅吧，就努力去找一个自己喜欢的幽默家伙好了。请放心，幽默搞笑的男生不一定只被女生美貌和身材吸引，要是你能与他旗鼓相当唇枪舌剑地较劲，也是个很大的吸引力，毕竟就像卡拉 OK 合唱歌曲一样，无敌是最寂寞，知音难求啦。

PWV59 不能说的秘密　不能看的乳房

彭生：

你好，客气的话不多说了，我当然也是每天要在你的博客看一遍才安心的支持者。由于你说《爱的地下教育》只会维持到三月三十一日，我也只好鼓起勇气赶上尾班车。

本人现时二十九岁，年尾就三十了，有过一点恋爱经验，由于现时单身，所以恋爱问题缺乏。但有一个问题，一直都困扰我的，就是我自觉自己的乳房很不好看，其实是比其他人丑——乳晕过大，而且位置上亦给予别人下垂的感觉。我的乳房由发育到“长成”都一直是这个样子，如果它们曾经好看，只是因为年纪问题下垂，那么我应该不会感到有任何困扰，问题是它们一直都是这样啊。在健身房的浴室、更衣室及□□□中看到别人拥有一双双漂亮坚挺、乳晕又小又粉红的乳房，我感到很自卑。最大的问题是，现在的□□信息那么发达，男士们都看遍了千千万万对漂亮乳房，因此在过去每一次跟爱人亲热，我都会感到很紧张及自卑，很希望灯快点关上，我不想他们看到我的双乳，更不敢在他们面前更衣，我觉得很羞。虽然过去从来没有男人投诉过我的乳房不好看，但我总是诚惶诚恐，也从来不敢正面提起（就是怕对方说，对噢，是很不好看的）。

我知道男士在性方面很注重视觉及官能的刺激，我很担心随年渐长，我的身体会令他们的性致尽失。近来认识了一位男子，似乎是有发展空间的，但我一想到在床上看到我的双乳时，他会好失望……唉……

我都知道外科手术可以改善乳房的外观，但除此之外，还有

别的方法吗？

谢谢你。

G

亲爱的G（这个G……不会是你的尺寸吧）：

一般来说，我助理阿Quin都会把所有来信打印出来，然后放到我桌上。当我读到你这信时，就赶紧到电子邮箱翻查你的来信记录，看到里头却没附相片档，不禁有点失望。因为上述内容，在没有照片的佐证下，实在难以判断。

我认为在健身房及更衣室中的抽样调查基础太窄，因为如你这般对自己身材不满的女生，在换衣服时一般可能都会躲起来。

现实中，不可能每个女生都像《男人装》内的女模一样，就正如大部分男生，即使他们名字真的叫Calvin或者Klein，都不够格在Calvin Klein季度目录中展露肌肉一样。

□□□□□□□□□，西方一般都以胸大腰细臀挺来作其基本的审美准则，可是干吗我们老要把自己塞进《花花公子》的西方审美观？为何乳晕小粉红色才该算漂亮？何必要被困死呢？正如古时的唐朝，也不盛行现在的骨感，要有肉才算得上是美人。

当然，在我们这年代还没发明时光机，让一众肥妹可以回去唐朝补领风骚前，这论点对安慰当事人是没啥效力。但你不用担心，即使男人看过千万对何等坚挺漂亮的乳房也好，其实都不及一对自己能捉摸着握到手里的，正所谓百乳在林，不及双乳在手，所以我认为无须多虑。

如你所说，其实真正介意的，并非对方，是你自己。你认为要是年纪问题才下垂就不烦恼，可是一直如此则困扰着你，但这事情都只有你知啊，那男的不知道，你何不就去读个催眠课程？然后催眠自己，自己少女时期曾经都是尖笋，乳晕又粉又小……

牛顿会告诉你，地心引力控制了全地球的乳房，下垂是物理定律，早晚会出现。当然……你是早了点，但十来岁青葱岁月你都撑得过，现在三十岁就更可放心了，因为毕竟走过山顶，现在大可放心跟你身边的同龄女友结伴一起走下坡，正所谓天要下乳，娘要嫁人（我知道这很滥，但硬是控制不了要说的欲望），谁都阻止不了。

我相信这就好像尚格·云顿 (Jean-Claude Van Damme) 一样，当年大概一直渴望自己能达到史泰龙 (Sylvester Stallone) 那种身体及受欢迎程度。结果多年后他终于做到了，他能与史泰龙平起平坐，不过并不是因为他受欢迎度提升了，而是史泰龙已沦落到与他一样水平。

所以往后你只会愈来愈不用担心，在更衣室换衣服时也可坦荡荡，你大可对着朋友双乳说：今日吾躯归故土，他朝君体也相同。

当然，证明其他女生胸部也会下垂，并不能帮助你跟男友之间的事。其实我认为与其早点关灯，何不积极点去突显你的其他价值呢？□□□□□□□□□□□，□□□□□□□，□□□□□□□□□□□，□□□□□□□□□□□，□□□□□□□□□□□□□□□□□□□□？

其实世上哪有几个完美身体呢？都不过是媒体故意标榜，让观众养眼的把戏而已。不过，要是男的真说到出口嫌弃，你不该找理由防守，而是直接对他进行自卫还击，翻墙找些欧美□□电影视频，美其名曰共同欣赏调情，然后一面看，一面夸□□□□□，□□□□□□□□□□□□□□□□，这样下次他大概就会知难而退。

PWV2 活得累，仍有资格谈梦想吗？

偶像：

你好。高中时候看的（过）你的《买凶拍人》，很喜欢，那时候也才刚开始买《看定（电）影》，对黑色喜剧的定义也就成了那部电影。看了很多年的电影杂志后，自己竟想到以后也拍一部。那时候年轻，想得也特简单：努力奋斗，挣个千八百万，然后自己拍部电影出来，就是这种想法吧，也未能成为自己的最终梦想，只是就有了这个想法，不可忽视，也不愿舍弃它的存在。

说困惑吧：关于拍电影，关于挣千八百万……十九岁的时候这么想，我都不觉有什么荒谬的，毕竟十几年的应试教育里我也过得很轻松，对未来也充满了一种有点病态的信心，可是今年二十一了，愈来愈发觉自己的浅薄、无力，以及迷茫。

前段时间看了《出埃及记》，看得很晃，没懂讲什么，或者说是没体会到其中的内涵。只是我也幻想过一个只有女人的美好世界，当然我那时也不是最后一个男人……看了一个影评，才认识到在讲些什么（也不去考虑影评是不是也像鲁迅门前的两棵树），以前习惯性简单化地看东西，以为电影是简单的，看了那个影评，自觉我才是简单的，不简洁的简单，想拍电影的话，自己也不会写东西，但又渴望创造。很多东西也需要去学习，那种对生活的观察、体会、认识，却都不能用文字很好来表现出来。对于镜头，那么陌生的，我又凭什么去掌控（我也不知道需要什么，只是主观地揣测着）。

介绍下我吧，我来自中国四川省雅安市，我是那种想得多，做得少的人。如今在中国的一所三流大学里，浑浑噩噩地混日子，

每天对着计算机，我学的专业也需要我每天对着计算机，只是我那么做并不是因为专业的需求，已经成了典型的宅男，整天就看网页、看电影、聊天、头发日益稀疏。悲剧，两年前那个不知天高地厚的我已经无影无踪，我不喜欢自己的专业，又无法换了，更不能回去重新高考，父母养我还是困难，再加上专业的学费挺高的，我着实成了一个败家仔。每天就通过计算机来逃避，自己也知道自己是在做错事，但就是不肯改正，我很迷茫吧。即使这不该是我的借口，但我确实很迷茫,我也没什么特别的能力,不是那种有魄力的人（至少现在不是），与人交流的能力也不强，准确点说是和陌生人说话都没勇气。这样的一个我，活得累，累得慌，没什么资格去谈什么梦想……

可能写得有点乱，文笔也不好。如果你看完了，万分感谢，更希望你能说点什么。谢谢了，偶像。

Vya

Vya:

首先感谢你把我当偶像，以及对我所拍电影的关注。

我要告诉你一个事实，就是大部分想做电影的，或想成为导演的人，最终也没有成为导演。我不是说自己能够成为导演，是因为能力比人强，说实在，我见过许多艺术成就比我高的人，到头来也没成为导演，因此每次我想到此，都会诚惶诚恐，用谦卑态度去感谢个人生命中的幸运。

人生过了三十，就有别的看法。生命中许多时候，有许多事情是不能成全，何不站在另一个角度，虽不能至，心向往之。喜欢电影，不一定要做电影。小时候跟哥哥一起拍录像短片，大家都热爱电影，于是我就决定进电影圈（那时候是希望当明星哟）。

可是哥哥却把对电影的热爱，继续保留在观众层面上，到今天，他事业有成，有家庭儿女，还是对电影那样热爱，经常为了看到一部新片，驾车两三小时。也会为了一部电影，兴奋得半夜打长途电话过来，跟我谈上一句钟，然后问我为什么不拍那样好玩的电影？虽然我好想告诉他，那是因为那电影有三千五百万美元的制作成本呢。

不是每个爱看电影的人，都有义务拍出一部电影来，那个目标太虚无飘渺了。我认为你念完大学，有自己专业就已很难得。喜欢创作的话，不一定要以电影作终极目标。我也认识一个宅男，他过去也是整天对着计算机聊天打机（唯一跟你不同的，是他的头发目前还没变得稀疏，但这跟阳痿一样，是每个男人终极要面对的，不用担心，迟早而已）。

后来他把自己乱七八糟的想法和故事都写下来，放到网上发表，后来看的人多了，他就决定把文字出版。许多出版商都说，已经在网上发表过啦，谁还会掏钱买呢？可是他认为会掏钱买书的人，其实只占整个阅读市场的一个小比例，要是有十个人知道这小说，只得一个人愿意买，那你放到网上让人免费浏览，100 万人看了，就会有 10 万人买。这样的理论，听起来像有点无稽，但直到多年后，他成了非常销畅的作家后，再没有人藐视这理论。对，那人就是九把刀。

我认为既然你有心创作，就看一下自己目前拥有的东西。你对文字的掌握，该不会比对镜头更陌生吧？你的先天优势，就是你是宅男，既然整天对着计算机，那就不如在看网页、看电影、聊天、细数头发比昨天稀疏了多少的同时，每天拨出一个小时，在计算机前构思一个故事出来，放到网上发表。故事方向随便，就以你的专业作题材吧。

我在网上看过一篇网络小说，是位念医的学生小汗写的，叫《医生杜明：没有人是干净的》，故事就是以其所学的专科作背景。你不妨看看，不管你的专业是什么，还是能引发出一些有趣的故事。

要是把故事发表到网上，没人关注怎么办？那就代表你可能写得不够好，别再想，马上开始再写下一个故事吧。这方面，推理小说作家劳伦斯·布洛克（Lawrence Block）说得对，如果你是一个厨师，你不可能认为自己炒的第一碟菜，就能够拿到高级餐厅给客人吃；要是你是一个做椅子的木匠，你会认为你做的第一张椅子，就可以拿去卖吗？干吗做创作的，就总自以为自己第一次下笔，就足够耀古烁今，倾倒众生？

那不过是一个文字练习而已，要是喜欢写，就努力写，起码将来在你约会女生的时候，可以大胆告诉她，你是个网络作家，并可藉此以你的文字和创意，去分散她对你头发稀疏的注意力（对不起，我知我不该再提的，但忍不住）。

人要聪明到一个程度，才会发现自己的无知与缺陷，因此我必须恭喜你，因为你在诉说着自己问题的同时，代表你已踏出了成功第一步。说实话，你的文笔还可以，就是不够细心，记着以后写了什么，先要看一下才发出去，因为我猜你年轻时所看的杂志，该是《看电影》，而不是《看定影》吧？

我不是大宝法王，无法为你加持祝福；我亦不是霸王，所以也不能让你发囊重生（真的，最后一次）。不过，我曾经也是个浑噩宅男，我能够做的，就是宅男间，互相分享共勉之。

PWV16 该死的道具

彭导：

你好，我和女朋友一起3个月了，已经有多次性行为。

我发现她是性欲比较强的那一类型，而且经验比我要丰富。她告诉我，她的前任男友性能力比我好，每次都能让她很爽，我听了当然是不舒服啦。她已经有很长时间用振动跳蛋和振动棒来做爱的习惯，每次和她上床，我都要先用那些该死的道具帮她做前戏（其实我都觉得OK的，因为唔使用手咁累，她舒服时我都舒服）。

记得有次忘记带器具，她就说不想做。我询问过身边的朋友，没有人说他们上床会用振动器具，我有点觉得她太过依赖那些道具了，但是我又不好意思开口讲。

还有，因为我们住在两个不同的城市，大学毕业后，不是常常能见面，所以有时候我想打飞机或者她想自慰的时候，我们就会玩Phone Sex。但每次我都不爽，还不如自己专心打飞机。

我应该如何处理我们的性生活呢？

joe

joe:

小时候用笔写字，写不到两行就喊累，后来有了中文打字，大家都说比用笔轻松，我却怎也学不会。之后打字模式一路进化，由仓颉到速成；拼音进九方，我始终是个白痴。直至多年前，终有家公司菩萨心肠，推出语音输入程序，虽然语音认字千疮百孔，但对当时的我来说，仍如你信中感觉一样：“其实我都觉得OK的，因为唔使用手咁累。”

人类从茹毛饮血，到用长矛猎枪打猎，使用辅助工具去改善生活的历史源远流长，在生活上使用工具，是人类文明进化的重大证明，正如现在你也是用计算机，发个电邮过来问我呀。日常生活可以用工具，干嘛性生活就不行？

做爱不是运动比赛——虽然传教士式体位有点像撑竿跳（嗯？不像吗？视乎每个人的体格而定哟）；前戏爱抚也似推铅球（得啦得啦，也得看每个人身材而定啰）。没必要像奥委会限制泳手不可穿高科技鲨鱼泳衣出赛那样，限制大家以工具改善性爱技巧的自由。

你说女友使用震动跳蛋和震动棒这事的语调，像担心她长期吸食海洛因般凝重。我倒觉得没甚问题，震蛋像空调，不过是耗些电来让自己爽一下罢，况且亦不会加剧全球温室效应啦。

弗洛伊德说，我们行为上没有什么是偶尔的，就像在婚礼上，新郎忘记拿结婚戒指，就代表他在潜意识里，对婚姻承诺有种恐惧与逃避。你既然忘记在重要日子带上她的宝贝，就是你潜意识对这根震动棒有所抗拒，你认为它取代了原来该属于你的地位，因而伤害到你和你那话儿的自尊心。

问题症结，是你执著于她的性经验比你丰富，也恨她前任男友让她爽透，这伤害了你卑微的男性自尊。你不介意她性欲强，只是她要获得高潮，都得依赖你皇恩浩荡的恩泽才成，你就是受不了她只花个几块钱，到便利店买两颗笔芯电池就能架空你，对吧？

关于你说身边朋友都没有用性道具一事，我觉得这普查基准太狭窄，大概是我交友不慎，我见过朋友在机场行李寄舱后，才发现手提包中有根性玩具，他宁可硬着头皮，把手提行李送进海关的X光机去闯关，也不愿将之弃掉，最后海关职员拿出来研究了好一会儿，确定他不能以那自慰棒骑劫客机才放行。

你说每次跟她 Phone Sex 都不爽，宁愿自己专心打飞机，那是因为你没掌握到 Phone Sex 的艺术。Phone Sex 重点不在于比赛斗快谁能最快到高潮，而是你在满足自己之余，也要平衡地付出。刘德华在《呖咕呖咕新年财》里说得对："牌品好，人品自然好。"麻雀跟 Phone Sex 道理相通，重心都在自摸，亦得留心对家。Phone Sex 好，做爱自然好。

你跟她上床做爱或玩 Phone Sex 时，我不在场，但亦不难想象，你是那种只着重个人满足，而不理会伴侣感受的那类男人。我想，要是女友着你动手多做点前戏，□□□□□□□□□□□□□□。你该庆幸女友只求助于现代科技，而没有去认识个健身教练或石油气搬运工之类。

要是你们二人见面机会少，我提议不如玩 Cyber Sex。对比 Phone Sex，这样起码可以把原本要给中国联通的钱省下来，去订购不同种类的性玩具。听说网上可以买到日本凯蒂猫这类卡通人物的震动器。加上 Cyber Sex 之好处，是一旦被父母发现时，还可辩说是为了练打字。

该死的，不是道具，是你那男性自我中心。要不改善，恐怕不久的将来，你真的只能专心打飞机了。

PWV60 没人爱会影响社会安定吗?

肥彭:

虽然你不喜欢这个名字，但是对于我来说，这个称号充满了无限亲昵的感觉。我最喜欢这样称呼你。无可置疑我是你的粉丝，超级的那种，因为看《非诚勿扰》的时候，第一眼认出了分歧终端机。

年纪大了，却不能够结婚，没有爱人是不是一个很大的罪孽？因为觉得影响了社会安定。身边的人都会有意无意地不停地提及。好像你在一条罪恶的道路上，然后他们看着你只能看你走下去，极其痛心扼腕却没有办法拉你回来。

还听说有一个国家，对于高龄没有结婚的妇女是要抽重税的。不知道这样的政策是不是相当程度地解决了社会老龄化的问题？

我的问题其实不是在压力这里。我最大的问题在于，我年纪这么大了却还是浪漫得要死。

我以前喜欢一个男生，在高中的时候。我第一次看他，没有觉得这个男生怎么好看，没有觉得他怎么出色。我就觉得亲切和熟悉，虽然我之前从来也没有看见过他。我看多了《红楼梦》，记得二哥哥第一次看到林妹妹的时候，也是一样的感觉。他是隔壁班级，高三结束就出国了。我从来看到他就觉得紧张，脸红不敢说话。但是其实我是一个很活泼和开朗的小朋友。

我也不敢对他讲。我们那个高中是重点高中，每个人要做的只有学习。我在他走前给他写了信，说其实我真喜欢你，非常绝望的。他出国以后也写过信件给我。但是只有寥寥无几的数量，后来我们失去了联系。

我不知道是不是他搬家了，再也没有了回信。我坚持写了三、

四年的信件。后来就开始写 Email。有的时候有回信有的时候没有。到了大学毕业的时候，我们失去了联系。

但是我最傻乎乎的地方是，我还是给他写邮件。有的时候是几个月写一封，有的时候是几天写一封。高兴的时候，绝望的时候，没有断过。

去年经济危机的时候，我收到了邮件。他说真惊喜，去查了下旧的邮箱，发现有我的邮件。然后跟我说，这个是我新的邮箱，你可以写到这里来。于是我觉得虽然我等了这么多年，但是我终于还是等到他的音讯了。

他说真不可思议已经过了十多年，我们却还有联系，感觉陌生又熟悉。我说这么多年，我还是想跟你在一起，如果设想未来没有你，那么生活变得多么恐怖多么不合理。他说什么叫现实什么是距离，我们现在的现实就是我们无限的距离。如果现在同在一个地方，那么机会也许就在那里。我承认现实和距离，但是未来的生活如果没有你，想来这样的日子都无法呼吸。

我也知道他说的都是大实话，如果他不厚道那么一点，也许他就不会这样跟我说话。他还说你年纪也不小了，喜欢你的人一定也不少。他自己却刚刚结束一段感情，身边也有两个女生的无限情谊，已然觉得头疼。所以所以所以……

我这么多年也有一些人从身边走过去，但是走过去就是走过去，像水一样没有痕迹。我心里总是挂念着这么一个人，甚至我自己都没有办法理解为什么。有的时候自己都恨得牙痒痒。现在年纪那么大了，忽然要转一个方向，真的很困难。

我也不知道自己这种变态的情况，到底是浪漫还是一种变态的执拗，或者是一种恐慌。

最近上海的天气太糟糕了，下雨下得人不住地伤感。我听王

力宏《永远的第一天》的 Introduction 时候，眼泪就不停地往下掉。

P.S. □□□□□□□□□□□□□□□，□《□□□□□》□□□□□□□□□□□!

垃圾桶公主

亲爱的垃圾桶公主：

你没有说清你的年龄，但从那男的回复，说到真的不可思议已经毕业十多年还有联系，想必你现在也该年过三十了。

你似乎对高龄未婚这事特别担忧，还打听了些国际行情。有没有高龄未婚妇女被抽重税，我不知道，但听说有些国家，要是家人给女儿的嫁妆不够，男方有权把新娘杀死。也听说有些因自己家族中的女儿已非黄花闺女，而进行所谓的“荣誉杀人”(Honor Killing)。

说这些干吗？就是想让你知道，在这世界上存在不少荒谬的事。有些东西说在嘴里像不可思议，但现实中许多非积久了，就误为是，说成是，变了是，被人误解为理所当然的真理。

普罗大众最大的谬误，就是没人爱是一种很大的罪孽，但没人爱，其实并不影响社会安定。没人爱本身就很负面，快乐单身，有何不可？

最大的罪孽其实是为了摆脱这个身份，而一头栽进错误中，误把浑水当成情海。中东的死海会让你浮，可是趟那浑水只会一直把你缠下去。

明显，这个男的有收到你的信，只不过他是选择性回给你，除非他有间歇性手麻痹或失忆，否则不会在那三、四年间，有时候回有时候没回。他这样对待你，其实已经清楚不过。当然，你硬要把他的电邮账户当成吴哥窟的石洞，把你的嘴巴靠过去也无不可，不过就别再对其有任何幻想了。

当然，你可以迷信终能有天水滴石穿，特别近年外围股市不景气，亚太金融危机或雷曼这种风波似乎将会持续发生，因此你将有望能继续收到他的邮件，给你多点惊喜。因为要不是碰上金融危机，他也不会想起要查看一下那个明知你一直在写信之旧邮箱哟。

有时候感情在心灵内扎根太久，抓住了心肌，即使你稍为尝试拔掉，动辄也会痛彻入骨。不过，有时我们倒也会把这种思念放大，也许你所言不虚，但要是对方如此看重你，那就不会在经济低潮时才想起你。就像有些家伙，在股票市场好景赚大钱时出外花天酒地；到破产失业走噩运时，才想起要回家喝碗汤吃顿饭。

既然你俩相遇像二哥哥初遇林妹妹的那种感情，倒不如把这段在你心中酝酿多年的感情，像黛玉把那凋零的桃花李花般一起埋葬于尘土呗。也不一定要找个别人来取代他,安心把这段感情埋掉。记住，不用成为任何人的奴隶，你只需当自己的奴隶就行。

记住，宁愿在自家垃圾桶中当个女皇，也别在那虚幻情爱乌托邦里做个人家的垃圾桶，你看《芝麻街》那垃圾桶怪多悠然自得哟。

选上你的信，是因为喜欢你行文间的幽默和自嘲，一个人懂得自嘲，是可爱的开始。加上你最后的评语我也认同，亦从而看得出，你是个对世情有洞察力及具高度品位的人，只是偶尔当局者迷看不清情况而已。

小休：短打 2

彭大大：

你好。有一个已经结了婚有孩子的女人，因为她一次兼职的机会认识了我。接触其实很短暂，后来她说她疯狂地爱着我，常想着我无法入睡，身体也变得很糟，跟老公也常吵架。我却已经结婚了，也并不喜欢她。但两人已经认识，算是朋友，也有一些共同的朋友。她常常跟我描述她那想寻死的心情，希望能跟我多待在一起，希望能多和我联系，但我却没有这方面的想法。她常说她跟她老公分居了，等孩子再大点就要离婚，等着我……

我只希望这辈子平平安安，跟我家庭安乐祥和，但我也不愿意太伤害别人。现在我该怎么办？

曲格卿

曲格卿：

怎么横看侧读，阁下的信，都像高干第二代躺在大叠 RMB 前拍个照，赶在老爸被双规前上载到网志，仿佛人生终极目标就是为了炫耀和上街惹揍似的。干嘛就有人这样走狗屎运，有个快乐家庭之余，还有女人在外头疯狂爱他到要生要死？有些人连想拿个喜欢女生电话号码都裹足不前？□，□□□□□□□□，□□□！

我认为你就什么都别做，反正你也不会因为她说要死，就放弃幸福家庭嘛。得要学老美跟恐怖分子打交道的原则，从不因对方威胁而做出任何协商让步啊。

彭 Sir：

您好，我是一名影视学院学生，现正准备毕业论文，选了您的电影作为研究对象。为了论文的精准性，想向您请教一个问题，

您能否告诉我您目前已经拍摄的几部电影的投入产出的大概数据呢？也就是说一部电影投资多少，收回多少的票房，利润多少？

祝生活、工作一切顺利。

心怀志忑的谢梦吟

谢梦吟：

哇塞！你该不会是税务局派来暗中调查我的无间卧底吧？

彭导：

你觉得一夫多妻要比一夫一妻好么？

雨珩

雨珩：

我国一夫一妻实行了不到100年，跟一夫多妻制的施行时间相比，仅数十分之一，现在连谈法国大革命都时间尚早呢。当然，在不同的时间和立场，每人的想法也有异。你问刚入职的小三，她会告诉你一夫多妻好，待她有天转正啦，就会推翻原来立场，坚决拥护一妻专政[1]。因此我看，还是多等五六百年再说吧。

彭导：

很喜欢看你的电影啦。其实发这封邮件主要是表达一下我的敬意。既然要发邮件啦，我也顺便送你一个我的小想法，哈哈，很无

1　请参考 PWV19。

厘头的，不过也许能给你点灵感：A 侦探被指派到 T 城市调查一个案件，T 城市是个很怪的城市，里面弥漫着诡异的氛围。最怪的是 T 城市里面有一只狗，它只有上半部分身子在地面上，下半身是在地下的，但它又跑得很快。除了 A 侦探，全城没有人觉得这有什么异常。不过这只狗像是有灵性一样，总会把 A 侦探引向案件的关键处。就在 A 侦探即将揭开谜底的时候，他被人暗杀了。死后的 A 侦探转世成了一只狗，他突然发现，其实呢，在 T 城市，狗才是在地上跑的，而人是漂在空中走的，因为狗总是用这个角度看人，所以能看到很多不为人知的东西，因此那只狗才知道那么多秘密。

沈佳

沈佳：

谢谢你的创意，我看这故事何止无厘头，简直是有点……诡异啦，从来狗都是用这般低角度去看世界，因此即使人类飘浮到天上，它除了多看到大家的鞋底，知道 T 城谁踩狗屎外，我真不知道它还能看出什么更多不为人知的秘密？

P.S. 还是不对，人浮到天上去，连狗屎都不可能踩到啦。

彭导：

请再次说明一次，这问答栏目的主要路线是什么？领导思想是什么？主要面对的群众对象是什么？接受什么样的材料？

雄

报告领导：

本栏主要路线是上纲上线地恶搞；领导思想为三个屌：来信要屌，回骂亦屌，和……什么都屌；面对的不是群众，是寂寞；什么样的材料都接受，包括回答领导这样的烂信。

尊敬的彭导：

追寻你已经有好几年了，追寻你的最核心原因就是——只有你敢如此大胆 \ 无忌 \ 赤裸 \ 深邃 \ 张狂 \ 高远 \ 入木三分地刻画出这个时代年轻人的内心真实世界！我今年 36 岁，注意注意——我至今拥有的 30 多年岁月，黑暗 \ 大爱 \ 大恨 \ 柔情 \ 细致 \ 敏感 \ 叛逆 \ 孝顺 \ 摇滚 \ 理想 \ 警匪 \ 最出名公司 \ 欺骗 \ 低俗 \ 内心华丽高贵 \ 大忠 \ 大奸……许多现在人们几乎不能够想象的真实生存状况和情节……许多思维……几乎就是一本全方位展示如今时代人性的畅销书！！！

我打赌——彭导，你，也会难以置信的！

因此，这数年来我唯一的希望就是能找到你，让你阅尽本人半生，把它拍出来，绝对是真实的 \ 卖座的 \ 警世的 \ 哲理的 \ 勾魂的 \ 震撼的《我的奋斗》！！！

行文至此，内心太激动，无法继续，准备打住。

超级感谢彭导让我 36 岁了，生命的斗志和精神仍强胜 20！谢谢！

石头

在珠三角一个 12 楼的窗口旁写下

石头兄：

拜读来信……阁下人生……岂止能拍一部电影，简直可排满整个月 HBO 电影频道的节目表喔。

我内心同样激动，也无法继续……就此打住。

彭浩翔

在因呃秤上报的再兴烧味店过一点的 Pacific Coffee 回信

彭瘦（中带点肉）：

你好，打扰了。我以前喜欢一个姑娘，她特别喜欢您，不过她不喜欢我了。

章飞

章飞：

男欢女爱无法勉强，阁下何不就成人之美，把我 E-mail 给她吧。

美丽善良高贵大方英俊有型的彭导演（套用了某位网友对您的称呼）：

我看到你那篇《可以犯贱吗？》[1]的信，难得有人这么一针见血地指出男人在与自己不爱的女人做爱时的状态。但我还是很想问你（因为本人目前还缺乏性经验，但一把年纪总有过性幻想），如果与一个自己很爱对方，但对方不太爱自己的人做爱时，能愉悦得起来吗？

我喜欢过一个人，在过去几年的成长发育期，这个男人成了我唯一的性幻想对象。我总认为即使我不嫁给他（事实上我也不

1 请参考 PWV10。

可能会嫁给他），我也希望能让我的性幻想终有一次得以实践，这个想法几年来一直在我心头蠢蠢欲动，但又似乎有太多风险。

如果他愿意，或者他肯，这样的一夜情能满足我自己吗？

一个来自贱人Ji的问题

贱人Ji：

你对他长年累月的性幻想，已经在心灵中形成堰塞湖，我看你还是得找个机会勾引一下他，□□□□□□□□□□□□□□□□□□□□□□□，即使不能长久满足，也可纾解几下灾情（希望不只几下吧）。

P.S. 另外，梦想无界限，请别自我年龄歧视，年纪大了还是可有性幻想的。

彭导：

1. 究竟怎样才知一个3字出头的男人有没有机会中意我？

2. 曾经拒绝过的，又有没有可能突然有机会一起？

3. 爱我的人不是我爱的类型，你会选择去爱，不去爱还是等着来爱？

万圣节后遗症上

万圣节后遗症：

1. 机会是有啦，如果你是二字头，就直接问他；三字头的话，发个短信试探他；要是四字头，就跟他说想合伙做生意；五字头提议认他作干儿子。（叮当叮当～ 找谁啦？～ 是彭先生吗？～ 是，你哪位？～ 我们是反歧视委员会的，刚才你的言论被投诉……～ 额！哪有来得这么快？）

2. 有机会。要不然干嘛回锅肉和炒冷饭，在我国饮食文化中会如此备受爱戴。

3. 等着来爱。从来骑牛找马都是华人的生活哲学啦。古语有云，有食唔食，罪大恶极。

上午

第三课／小三该有小三的雍容

PWV25 是我小器还是蠢？

彭生：

你好。

刚刚探完亲回到自己的家，是的，我和他见面了，可是在最后一天发生了一件事，让我现在都不敢想为什么会这样。

我前后回去四天三晚，前两晚我们都是在一起的。第三天的下午我发短信约他出来吃饭，他回复说："我刚刚答应店长让她早点回家，你就别让我为难人家了吧。"我回复是："好的，不为难。"

不能说得清我的心情，就是心里什么东西一下子掉了下来，甚至不敢想为什么？这是昨天还说爱我的人吗？这个和他口述的感情相符吗？

是我小器还是蠢？

我不知道该怎么面对？不想面对，不知道……

上次电邮给你时，我还信心爆棚地相信我和他之间的感情，可是现在，我觉得自己很蠢，很蠢。

是我小题大做吗？小心眼吗？真的想念一个人，会觉得为难吗？

Alice

亲爱的 Alice：

关于你问到的问题，我思考良久，最后答案是：你又小器又蠢。

抽你的信来答，都只放博客，不敢放杂志信箱上，免得被那些严重的恋爱灾民喊骂：这么芝麻绿豆小事，为啥也来占答信时间。

三天陪你两晚，第三天因公事不跟你吃饭，算过啥鸟？别把跟你拍拖弄得好像踼到人家山坟金塔，被鬼上身一样？你看过恐怖电影吧？（□□□□□□□□□□□□□□□□□□□□□！）即使被鬼上身，也不见得冤魂会日以继夜地时刻缠着受害人啦。

我明白我明白，热恋中男女总是何等痴缠，可也要懂得自控，该留点空间给对方啊。毕竟那是工作上的事，要是他因你而完全荒废事业，待你奔三之日，大概又会来信投诉这家伙没长进，不及你单位那位中年领导般事业有成，到时你又可能得朝《蜗居》现实版迈进。

你是小心眼吗？是。你是小题大做吗？对。想念一个人，有时的确会为难，但别让对方因被你想念而感到为难吧。对男朋友，□□□□□□□□□□□□□□□□□，别事事去管。

祝调控成功。

PWV27 几乎每个见过我的人都骂过我

让人心生亲切的彭导：

希望你能在万忙之中读到这封信。我是一个来自农村的孩子，有过世界上最愚蠢的想法，做过世界上最愚蠢的事情。因为长期缺少表达和与人交流，我都变得有些口吃，吃力之处还请见谅。

上面的是修改过的，从这一行开始，我决定只字不改，除非错别字，这样会更真实。我在广告店做打字员兼设计员，今年二十二岁，疑患有严重强迫症和其他不明的心理问题，我直接叫做抑郁症，我觉得我比张国荣还要抑郁，因为他还有朋友，我身边连个朋友都没有。事实是这样，我不善表达，生性害羞，可能很小的时候，这很可爱，可等长大了，人们会觉得你很可憎。是的，可憎，几乎每个见过我的人都骂过我。注意，是每一个，这种事还在继续。我表情完全不对，可我还得见人，还得工作，还得撑着。我一个人来到一个城市，为了自己的梦想，我大胆地想过成为一名演员。可是在生活中，我只想做自己，可我会不经意地做出一些引人注意的动作，而且并非自己喜欢的，我控制不了。所有人都笑我，因为我不笑。所有人都骂我，因为我不骂。后来我尝试骂人，骂声也少了些，我发现有些人确实很贱(思维短路中,常有)。我感觉自己脑子坏掉了，什么问题也想不了，比如睡觉前，我思考自己的问题，想着想着就睡过去了，什么结果也没得到。我感觉像一个被社会抛弃的人，我在做着自己并不喜欢的工作，我在人们面前表现得像个白痴。我不知如何表达，这也是我想要当演员的原因之一，我要让他们认识另一个真正的我。

请问彭导可否给些建议？我真的好想做自己,却总是被“强迫”。

一个人刚跟你说你好，一秒钟后就说我操。每天如此，怎么办？

蒙面骑士

蒙面骑士：

我认为“几乎每个见过我的人都骂过我”不是个最严重的问题，愿意骂你，代表对方认为你还有可以改善的空间，要是觉得你根本无法改变，连骂都懒得去骂呢。

我认为其实也没甚大不了，几乎每个见过你的人都骂过你，那又怎样？我几乎骂过每个我见过的人（当然，有些是在背后啦），你看，现在我为了开源，甚至去写一个这样的专栏，藉此骂些我连见都没见过的人。所以我认为，生命就是这样的骂来骂去，何必在意？每次挨骂先别动气，好好反省一下，是否有地方需要改善就行。

我觉得更重要的，是关于你想当演员这个问题。每个人都有自己的人生，我不是你，所以很难评论。我经常避免一下子把门关得太死，说什么都不可能，但生命中的可能性众多，干吗偏要走最艰难的路？

要成为演员，在任何年代任何城市任何民族都是非常困难的。你有比张国荣更抑郁的抑郁症，并不能让你成为张国荣，你可有留意，哥哥是成为演员后才得抑郁症，而不是有了抑郁症才去当演员。你将你的问题跟哥哥的挂钩，倒有点像跟看到许多富豪都秃头，便马上把头发剪掉的道理差不多。

当演员不单要懂得表达自己，更要观察力强，能代其他人去表达出不同性格的一个工作，要是你不擅表达，会是一个不能成为好演员的主要障碍。好像小孩子说要像杨利伟般成为宇航员，但先天却是畏高一样。中国就只有一个杨利伟，你要成为宇航员，就先得要考上空军机师，然后再申请接受训练，即使被录取接受训练，也不代表就能成为宇航员，在万中选一的情况下，选中为宇航员，也不代表你一定有升空任务。

演员没有宇航员那样尖子，但也不见得可似传销公司推销员那般遍地开花。其实想透过演戏来让自己自信起来，不代表一定要当明星，你可参加话剧团，在小区中也有演出机会啊。

但我相信你信中所说的演员，一定程度上是指当明星吧？但多人认识了，也不代表就能让人更有自信。每个人都希望自己成为焦点，可是谁都接受不了自己其实没有想象中那么特别这个事实。有空你到北影门口看看那群等着做演员的北漂，然后跟他们每人拍张照，看过后你来告诉我，自己跟他们有多大分别？

小时候说要做宇航员的人，在大学毕业后还会坚信这样的事情吗（当然，杨利伟和他家人可能会反驳啦，但毕竟中国有多少个杨利伟呢）？没必要强迫自己去做一件对谁来说都是很难的事。

我听过外国有个恐怖分子，计划给目标寄邮包炸弹，可是他贴上的邮票不足，无法寄达，结果包裹被邮局退了回来。大概恐怖分子没被监管，不受劳工法例保障，形成每人每天的工作量太重啦，他忙得想不起这个退回来的包裹当中有啥，结果一打开，就印证了他在邮包炸弹制作方面的专业。所以我想，除非你能提出更有力的证据来说服我，否则请别轻言自己做过世界上最愚蠢的事情。

□□，□□□□，□□□□□□□□□□，□□□□，□□□，□□，□□□□□□，□□□□□□□□□□，□□□□□□□，□□□□□□□□。□□□□□□□□□，□□□□□□□□：“□□□，□□□□，□□□。”

PWV52 我是不是很贱？

彭导：

你好，关注你的博客有段时间了，今天才在你的微博上知道了你的电邮，真是惭愧。

入正题，其实我有一个很烦恼的问题，就是关于爱情的，但是我不知道这到底是不是爱。

我有一个很喜欢的女生，不知道是不是注定的，我幼儿园见到她的时候就告诉自己她是我要保护的人，只是幼儿园毕业后就再没有见过她，但心里面一直有这样一个人。直到初三要毕业的时候又让我遇见了她，但是场面很尴尬，因为她是英语课代表，要去交作业给老师，而我是因为上课调皮被老师抓去训的。当然当时我们都没有认出彼此，是事后我向其他同学打听才知道，原来她就是我心里面的那个人。后来通过一些七七八八的渠道要到了她的电话和QQ。慢慢的我们就熟了，但那时她已经有一个男朋友了，所以自己也不敢奢求什么。毕业后意料之中她考上了市里的重点学校，而我也无意外地考上了市里的职业中专，但是我们还一直保持着联系。后来她和她的男朋友分手了，我们也在一起了一段时间，后来因为她要读书我们就分手了，在一起的时间也不过是短短的半个月。之后就没有了消息。之后过了一年我已出来奋斗生活，而她也毕业了，又一次机缘巧合我们有联系了，那次是因为我要打电话给客户，可不知道怎么搞的，我居然鬼使神差地拨到她那里，就因为这次巧合我们又联系了。当时她刚好毕业要和同学去香港玩，所以联系了一段时间又没有联系了，直到她从香港回来主动联系了我，说给我买了礼物让我去找她拿。就

这样我们的关系愈来愈好，之后就顺理成章地又在一起了，并且在那年暑假我们偷尝禁果。但是好景不长，因为她考上了省外的大学，两个月之后就离开了这里，但是我们一直都用电话保持联系，这期间我还飞过去一次看她。上了大学后，不知道是不是她真的在忙读书或者是诱惑太多，和她的联系愈来愈少，但是每到什么节日我都买礼物送她,常常导致卡债一屁股（朋友们都说我贱，人家都不理我我还不断地在付出）。慢慢跟她的妈妈也熟了，还经常和她妈妈通电话聊她的事情。到了大三以后她就基本不理我了，但是我和她妈妈还是有联系，并且知道她忙着要出国，所以一直也都没有找男朋友，但是身边追她的男生很多，而且个个家里都是很有钱的，所以这两天她妈妈老是和我说，她女儿要的东西我给不起，说我们差距太大，想让我知难而退（那女的家里也算是富有的，而我们家只能保证温饱，而且我的工作每个月就一千多一点点，她妈妈说我再怎么奋斗都比不上别人，可是我已经很努力地在往上爬了）。就在昨天我说了一句:“有钱就什么都可以吗？”她妈妈说我侮辱了她的人格。现在连她妈妈都不理我了。

我从小妈妈就不在了，爸爸也重新有了一个新家庭，我从小跟着爷爷奶奶长大的，这些事情又不能和他们说，怕他们担心。可是我真的不想放弃，彭导你告诉我我该怎么办？

贱贱的阿东

阿东：

你问我你是不是很贱，我就直白告诉你：是，你很贱。

但你的贱和你穷无关，也跟你满足不了这女生的物质需求无关，更不是贱在为了送礼给她而导致一屁股卡债。你的贱，是贱在你不肯面对，不肯睁眼看清那已经平摆在眼前的事实。

面前那碗云吞面，你嗅到有狗屎味，可是你不理；看到热汤上浮着点点啡色屎粒，你告诉自己，那不过是豉椒；挟起一箸面条轻啖，吃出个屎味，你跟自己说，可能最近上火，舌头和味蕾出了点问题。你硬要把整碗云吞面，连面带汤地通通灌进肚子里，吃得满嘴都是屎，还不肯承认面中有屎。你就是这样的贱。

还有什么好不想放弃呢？你本来早就失去了。人生在世，有几段感情能白头到老？有些人注定是你生命中的过客，而她，明显是其中一位。在她大三的时候，其实你就已经失去了她。她没有接受别的男生，不代表会提升你和她一起的几率。

我们不是活在廉价爱情小说中，她妈妈跟你说的话其实也恰到好处，不会让你太难堪。爱情没有什么对不对，从来都是计算和考虑，有些人懂得包装，会说喜欢有责任感，有事业心，肯上进的男生，那其实不过是间接期望男生在经济基础上有一定成就。男性事业有成，往往能触发到女生的倾慕，君不见许多其貌不扬的实业家，也吸引到不少女生的垂青吗？你要从负面角度去看，可以说吸引她们的，是他的经济背景，但你不能否定别人希望求个安定的想法。

女孩不理你，那就算了吧，你何必走未来岳母那种下三滥路线呢？那是对弗洛伊德恋母情结的另类诠释吗？恋不了她，就去缠她老母？人家母亲婉转拒绝你，你还要来那些“有钱就什么都可以吗？”三流肥皂剧的穷小子对白。我倒想问一下，难道没钱就什么都可以干吗？

那妞既然是个充满物欲，又希望周游列国四处玩乐的花样少女，即使让你坚持下去，真的把她重新拉回你身边，我想问你又能如何维系下去？要彻底改变她本质吗？即使改得了，那，还是她吗？

看清事实吧，我深信你爷爷奶奶，那属于新家庭的爸爸，甚至在天国的妈妈，也不希望看到你继续这样沉沦下去的。别鬼使神差地再找她，也别再找她妈嘛。

PWV8 都是毒男惹的祸

如何反谣言？（急……）

最近在学校透过 Facebook 与一名新入学的师妹闲聊数句，并向友人谈及。友人是一名毒男，认为与人交谈就是“懒熟”[1]。后来，该友人就向别人说“我与那个师妹好熟”。谣言传到女孩耳里，对于“我与她好熟”一言甚为反感，自此与我中断对话。更甚者，谣言散播到其他的新生，变成“我很喜欢与人懒熟”。

就这样，原本数句闲聊对话，让我变成学校的危险人物，在学校变得四面楚歌，让我苦不堪言，不可能再结识新入学的女孩子了。

Issac

Issac（此为上款，一般书信格式中，我们会先写收信人的名字）：

在法庭上，虽然控方有义务排除对被告所有的合理怀疑，可惜，这里不是法庭，因此我没有这义务。从你来信中，大概都能猜得出你的行为动机。

首先，你一开始就把这事定义为谣言，希望寻求办法将之平反。但问题重心是你如何跟友人描述你和这个入学师妹的关系？现在，你似乎想把你目前的所有困境与控罪，全都推卸到你那“毒男”友人身上：是他错误（甚至是恶意）将你提起的闲聊几句，扭曲成“懒熟”。

但他既是你朋友，在跟他说之前，你就没考虑过他毒男身份这事吗（先假设你的口供属实）？要是你明知他的先天“缺陷”，有可能会曲解你跟师妹的关系，那你干吗还犯险把跟新相识的人聊

---

1 懒熟：单方面的表示出和某人很熟的样子。

天的事情告诉他呢？因此，即使你所说的都是事实，也不能把你所有责任都推得一干二净。

其实从你信的最后一句话看来，说到底，你不是怕被人误解，而是怕被误解后，会成为新入学女孩要提防的人，无法再泡新入学女孩。因此可想象得到，你是那种习惯把过失都推卸给身边人的家伙。要是一个人正正常常，心地善良，何患交不到朋友？每天早上醒来，你上学的目的，就只着眼今天能泡新入学女孩。你就算要结交异性，也可以光明正大，你这种追女手法，就像每天在关闸处等着，专骗新移民的老千一样，只向新入学不懂世故的女孩下手，明显就是心术不正，追女生追得像酒楼厨房师傅挑乳猪，只从幼嫩的下手。说起来，所有新入学小师妹都得感谢你这“毒男”友人大义灭亲，好让她们有所警觉呢。

从你这封没有上款的信看来，你该对人情世故不太通达，社会中一些大家普遍尊重和遵从的礼仪，你似乎没怎样了解及留意，别一味说人家是毒男，你的毒性也非等闲，如果他是苏丹红，你也算个孔雀石绿哟。

结案陈词：目前，你的处境多少都是你自己亲手造成，你不妨趁此机会好好反省,不要只把精力集中在新入学女孩身上。还有，人家跟你在 Facebook 上聊天，不代表你可以随便跟人公开当中内容，地球上有样东西，叫隐私。“嘢”完唱不算最低庄，未“嘢”已经唱才是最噆渣[1]。

祝戒毒成功，融入社群。

1 “嘢”完唱不算最低庄，未“嘢”已经唱才是最噆渣：粤语，“搞完人家后到处说不算最贱最 cheap 的，还没有搞上人家就已开始到处乱说才是最肮脏的”。

PWV34 有机会看见未来吗?

能说辛辣实话的彭导:

你好。

在这个很晚的晚上,刚看完《外滩画报》你的一个专栏,突然就想给你写这封信。杂志上面有征信的邮箱,但又说"纯属个人创作",所以我有点糊涂。

不知道你是否真的可以为我目前的问题出个主意,但好像我也不很在乎是否有真实有用的回答,就当做这封信是在寂寂的黑夜里,自己问自己吧。

我曾经就这些困扰难过得想去问神,虽然神要管的天下的问题很多,但应该不在乎增加我这一条吧。我想问神的重点是,我能不能和他结婚?

这样开始也许你会认为又是一个老生常谈的问题,但世间的幸福都是一样的,烦恼却各有各的不同,我并不是说我这个烦心的事多么与众不同,是因为我的心情特别、相当以及非常难过和无助。

我于去年通过相亲认识了一个男生,他比我大一岁,是家里的老幺,性格比较随和,为人很善良,也很体贴,一年相处下来,我觉得他人品各方面都很不错,是值得托付终生的男人,他也很爱我,觉得我各方面也都不错,就打算今年结婚,也跟我家人提出了要和我结婚的想法。因为大家年龄都比较大了,都已经在三十五岁左右徘徊了,而且我曾经有过三次失败的感情经历,就更想快点拥有自己的家庭,所以考虑过后我就同意了。

但是我家里人极力反对!

他们反对的理由有三点:一是他两年前曾经做过青光眼的手

术，怕他日后眼睛失明，而且即使不会失明也需要长期服药，担心日后家庭经济负担吃不消；二是他目前仍然在老家工作，收入待遇各方面都很低，若出来深圳这种大城市，他的健康状况肯定无法找到合适的工作，还很可能因为压力大而赔上健康，如果就这样两地分居，结了等于没结。三是担心我和他的小孩将来出生也会遗传得青光眼病。我的家人站在替我考虑的立场，表明了他们的反对。

我的心情一直都很糟糕，不知道怎么办，也曾经做过家里人的思想工作，虽然明白他们的用心良苦，眼前现实的困难也不容回避，但却也不想就结束目前这段感情。因为受过感情伤害的我，非常明白一个正直善良的男人多么可贵，何况我和他在性格和生活方面都处得还不错。

直到现在，我也没有征得家人的同意。

你说我结还是不结？

一个深夜不眠敲字困顿的人

深夜不眠敲字困顿的人：

首先感谢你来信。你想到不要问神而来问我，实在让我受宠若惊。信箱上所写的“纯属个人创作”，那是因为咨询法律部门的意见后，为免惹上非法行医之类指控麻烦，所以还得这样谨慎地说明一下。

说回重点吧。你的问题是能不能和他结婚？答案是：能。

但衍生出来的问题，不只是能不能，而是你到底想不想？能是当然能，但在回答这个简单的“能”字之前，你要清楚了解自己要冒的风险。你家人说的不无道理，都是些世俗和务实的考虑，没什么错不错。毕竟我们都是俗人，得要为生活奔波和打算，他们列出的三点都合情合理，没什么好反驳不反驳。

但你先要问自己一个问题，为了这个正直善良的男人，你愿意承担这样的风险吗？我不可能告诉你前面是条康庄大道，但也不见得走不出个黎明来。生命的选择往往无法预知结果，当然，彩票每星期也有人中奖，可是，不中的，毕竟还是居多。

我认为生命所追求的，不一定是结果，而是幸福之过程，只要感到满足，活在哪都能丰盛。人生路上阴晴不定，许多时候前路未知时，我都会想起苏轼的《定风波》中的首段：

莫听穿林打叶声，何妨吟啸且徐行。
竹杖芒鞋轻胜马，谁怕？
一蓑烟雨任平生。

其实一切都视乎你自家的态度。

当然，最重要是无论你做出任何选择前，都该了解自己所要承担的风险，正如买股票，也要设定止蚀和止赚位吧。冒风险不可怕，只要知道自己要冒的风险有多大就成。

顺带一提，我在网上查过，有青光眼的人，子女确实有四成机会可能患上，但也有六成机会是没有啊。有空的话，可到光明行动护眼基金的网站看一下，那里有很详细的资料。

跟你同偕到老的，可是你身边那人，因此家人的意见当然值得参考，但最重要的是你要问自己：这个男人，是否正直善良可贵得让你愿意押上往后的人生去赌一把？

要是这感觉高过四成，那就去吧。

PWV49 一个处女给另一位处女的忠告

Dear 彭导：

我这段时间被一件事情困扰，不想打扰你，可是想听听你的看法。

家丑不外扬，我就不指名道姓了。

以前我们总说，不敢贸然开始，怕不能善终。我想我们都是单纯如一的孩子，希望保护自己，不想伤害别人。在很多事情上，我们都在乎别人的感受。我们都懂得爱是脆弱的，别人对你好不是理所当然的，这多合情理。

可是和我同一个家庭里，有一个女人，我和她从小长大，看着她成熟，她也看着我成长。直到她现在成为了一个十多岁少年的妈妈，结婚也已经十多年。

他老公也一直说她单纯善良，容易被人欺骗。

两年前，他们婚姻出现过危机，故事可能要追溯到很久以前，可是这回是她不对了，她爱上了别人，提出离婚。家里的人拼命挽回。这个她爱上的男人离过两次婚，还有案底，根本就不是她老公那种纯良之辈。可是她贪玩，她喜欢追求刺激，那个坏男人甜言蜜语，她在她那份非固定的工作里和坏男人搭档，做得风生水起。

她说，为了这个男人，孩子和家庭都可以不要。

在多方劝阻之下，此事似乎平息了。

可是现在，我获悉的是，她有了别人的孩子。

于是回想这两年来，虽然她口头上说和那个男人已经断绝了关系，可是每天早出晚归，甚至不出席重要的家庭聚会，外出过夜。她仍然从事非固定的职业，工作的伙伴并没有告知家里人，家里人一个都不认识。

我想这两年的蛰伏，只是她今天造成的闹剧的伏笔。

而今天能为她埋单的人，只能够对她纵容包庇。老人家如果知道了这个消息，会生病会担心的。

她老公不是不好，对她家里的人很好。详细的不赘述。可是今年年初，为了劝导她放弃非正式的工作，安心养家，不要再打扮漂亮地跟不知道是谁的人交际，决定收回给她的每个月的钱。由老公自行当家。

她当时得知这个消息的时候如闻晴天霹雳，因为她很爱钱，她觉得老公不爱她了。

女人啊，华丽的金钻，闪耀的珠光，为你赢得了虚妄的想象，岂知你的周遭，只剩下，势利的毒，傲慢的香，撩人也杀人的芬芳。

“三十如狼，四十如虎”，贪慕虚荣，贪图刺激几乎要毁了她的家庭了。

身为她的家人，很想挽回局面。我从小就和她生活，虽然我知道她没有家庭观念，但是也不至于出轨送绿帽给老公戴吧。这次太过火了。

那些和我毫无相关的人，例如我以前的外教也经常跟我说他还没有离婚，现在就和一个中国的家庭主妇恋爱了的事，也是不痛不痒，并不贴身。

可是这个女人，除了毁掉了婚姻，毁掉了自己，还毁掉了她的丈夫、她的孩子，和我的一个完整的美好的家族史……

一想到她和那个男人的贴身爱抚，我就受不了了。

我以为这种事情只会出现在电视剧或者安妮宝贝萎靡的小说中，明明出自纯良，为什么要堕落至此。

我想我的心里要承受的，比我想象的要多。

颠倒了我的价值观。尤其是亲历的，从小目睹的情谊的那部分。

处女座完美主义的情结再一次让我的天平不平衡。

父母的年龄属于多一事不如少一事的安土重迁心态，而我们年少气盛，路遇不平当然想奋不顾身地拔刀。我知道我不能做些什么，就是这种习得性无助让我难受。

亲爱的，能不能让我走出梦靥 T_T

祝安

Arashi

亲爱的 Arashi：

咱们都是处女座，我对你当然特别有份情谊。

处女座的完美主义，我怎会不懂？平常我在网络游戏中征兵，征兵数目也一定要是整数，好像 1000、3000、10000、20000，我很讨厌看到零碎的士兵人数，例如 8957，我就一定会把它变成整数。因此我很讨厌别人在我征兵后来攻打我，虽然在游戏中征兵的目的就是为着打仗，但此却令原本整齐的数字变得零碎。有些时候，当发现别人要来攻打我时，还得预先估计接下来战斗会损耗我多少兵力，然后预先征召一个不整齐的士兵数目，让他们消耗后，数字就能变回整数。

处女座都是这样的，特别是你提到自己年少气盛，路见不平，需要拔刀相助。你看，我不是在忙乱的工作中，还无事生非地弄了此感情答信专栏？路还没遇不平，就在闹市设坛开个家事法庭，去审那些清官难审之家务事。

但我知道，这种性格有时也挺让人讨厌，而更重要的，是千万不要让它困扰到自己。你看不过眼的事，可以提出，但绝不能把你价值观强加旁人，梦魇本就是源自你自己，你自行黄袍加身，给自己在家庭中加冕自封个天职，成为完美家族史的守护神。

什么事情都可以努力，唯独别人的感情，你再怎样积极干预，也无法控制得了发展的方向。得去接受每个人也有自己的路要走，要是今天爱上浪子的人是你，别人拦得着你吗？我赞成 Twins 的说法，恋爱，许多时候真的大过天。

何必欺骗自己？你那位家族成员早在两年前闹离婚时，就已跟那男的发生关系，怎可能说是现在才给她老公戴绿帽呢？难道你认为一个女人爱上了一个男人，到要跟自己老公闹离婚的地步，还没跟那男人发生过任何事吗？当然会有这样的例子，在一个年代、一个城市、一个民族，可能会有两三宗吧。但看来信，很遗憾，似乎不像。除非你的戴绿帽定义，是要受精怀孕才算吧。

爱情中悲欢离合，旁人可以提点，但从没法阻止。你口中这个“今天做成的闹剧，其实都是蛰伏两年的伏笔”，你们不过为了家族的门面，勉强把这个炸弹的爆发点延后两年而已。

每个人也有追求自身认为幸福的权利，要是她认为这个离过两次婚，有案底，不像她老公那样纯良之辈的男人，能给她带来幸福，你怎样也阻不了。而更重要的是坚持要她留下来，对她、她丈夫，和你们那个家族史也没有意义，就让她去吧。我认为也只有如此，你才能卸下一身家族史守护神的盔甲，于自制的梦魇中解脱出来。

PWV45 明明骑个自行车，却被开了张汽车罚单？

亲爱的彭叔叔：

你好，其实我还没有想好是不是要写这封邮件给你，因为它不是什么惊心动魄、缠绵悱恻的感情故事，它本身只是一段平淡平凡的经历，让经历中的我感觉无能为力而已。但是你在微博说“凡事都可发过来让叔叔舔一舔”，着实鼓励我了，所以有了下面这些文字。

我今年二十六岁，剩斗士一枚，有着还算不错的工作，长得不算貌美，但还算大方得体。性格算是典型的水瓶双鱼，理智与感性交织，早些时候谈过一个五年的男朋友，三年前分手至今单身。呵呵，这个开场好像在做征婚广告一样。实话实说，这些年过去了，很多所谓放得下放不下的我都不再想了，我想要好好往前，遇到什么就是什么。

然后就遇到了他，他是我的同事，不同部门，平时交集不多，我们在单位都算低调的人，所以一年多同事，讲过的话应该没有十句。一月的时候一个偶然的机会请他帮了一个忙，我承认我的小私心，因为他算得上是帅哥一枚。因为这个“忙”的缘故，我们有了一次约会，一起吃了饭，逛了街，聊了很多，我觉得和他在一起开心又舒服，感觉很不错，接下来我们打了一些电话，打过一场台球，关系瞬间升温了不少，但后来就觉得他忽冷忽热了起来，我亦不紧逼，因为过去的经历告诉我要矜持，不要急于开始一段感情。其实我也有矛盾，我这个年龄亦不再是有资本随意尝试感情，一个人在异乡的我，应该老老实实地找一个可以让我安稳，照顾我的男人。而他年纪比我小，现在事业也算不上成功，实在算不上合适的结婚

对象。但是宗盛叔叔都唱了，情爱里没有智者，我心里是有些喜欢他了，因为一些寂寞还有一些好感。我亦认为自己不是一心想靠男人的女生，所以我努力工作，自食其力，希望能帮未来的老公分担压力，所以我想只要是你情我愿，我们还是有机会的。

但是后来他的行为，给我泼了不少冷水。前段时间我发阑尾炎，他有致电给我很多通，却没有主动来看我一下。后来想了想他真是没有那么在乎我，算了还是朋友吧，毕竟还是同事。这以后的我们偶尔有短信和电话，我觉得并未超出正常朋友的标准。但是昨天晚上他却突然发短信同我说："小白，我们不合适，还是做朋友吧。"我觉得莫名其妙，因为我从未对他有过什么表白，他为什么会发拒绝短信给我了？我回了他一条："明明骑的是自行车，却被开了一张汽车的罚单。"他回电说没有看懂，我说："你以为你真的是大帅哥，每个人都要为你痴狂呀？你以为我和你逛街吃饭通电话，就是一心想做你的女朋友吗？朋友和男女朋友有些人认为距离很近，但有些人认为距离很远。你真的了解我吗？你的短信我真不知道怎么回，因为回说你想太多，感觉好像在为自己找台阶下，但其实我一早就同你说过我尊重真实自然的感觉，除了发这条短信，你难道真的没有别的办法让我感觉我们只能做朋友吗？"他说："我只是不希望你陷进来，我情商很低，所以才这样说。"我说："你没发这条信息，我们还有可能成为朋友，但现在我没有办法当你是朋友了。"

想想我其实也没有太伤心，生气多过伤心，我其实也不应该委屈在骑自行车却被贴了汽车的罚单，因为也许我根本就不该骑着自行车出门。

小白

剩斗士小白：

看你一脸冤情，差点还以为你是杨乃武那小白菜呢。□□□□□□，本想仔细□□□□，给你来安慰，可是想深一层，还是决定跟你说大白话，舔不得，还要咬一口。

交通警开罚单，罚的，不是车种，而是速度，不管你驾的是自行车还是摩托车，甚至滑板，只要超过限制速度，罚单还是会开的。

叔叔没在车上，不知你的实际时速有否超越正常社交的限制，也没给你即场吹气测试，验春心指数有否超标，因此实际情况只有你俩自知。不过说实话，从信中描述，在你收到他那个自以为是的短信前，虽然你们还没正式发生过什么，但已明显稍微超出普通同事及朋友范围。当然，你们这样逛街、打台球、聊天和发短信是算不上什么，但看得出你们两人都乐于这暧昧试探（先别急于否认，要是纯粹当同事，就不用考虑对方年纪和经济基础啦）。

说他完全没对你动过一点心吗？我不认为。但明显他是不太懂得处理感情问题，才会明是共犯，却突然先下手为强，转为污点证人检控你。你感到被背叛的愤怒，完全明白，因为他这样的行为，让你未出招就被秒杀，痛恨啊，不是死得冤枉，而是不甘。

但同时我又觉得你该庆幸，因为不管他有心没心，但明显已经用上一个不成熟的行为来表示他的却步，这正好说明他这个人，并非适合维持一段稳定关系。

没关系，他为自己找台阶下，你就让他下去吧，何必硬跟之缠绕，让自己生气放不下。生命中，有些东西注定是不会一直伴随着你，例如前度男友、这个不成熟的帅哥，和你的阑尾，就让它们通通都离开远去吧（用它，因为于你而言，这些都是逝去的死物）。

你会生气，是因为你动过情。哀莫大于心死，要是你对他没丝毫留恋，根本就不会生气，难道你会生那阑尾的气吗？

骑自行车出门，我认为没问题，重点是别骑太快，千万别因为一张罚单耽误整趟旅程。职业司机收罚单其实是当然成本啊，况且感情路上并非单向，有时，你也会开给别人呢。

何必耿耿于怀裹足不前？继续如此，恐怕将来要整天坐在窗台嘶喊，唱着宗盛叔叔的《寂寞难耐》了：

一天又过一天　三十岁就快来
往后的日子　怎么对自己交待？
寂寞难耐　寂寞难耐
爱情是最辛苦的等待　爱情是最遥远的未来

当水瓶双鱼可以，但别做水瓶双愚。愚蠢一遍就算了，重复犯错就是笨。别该理智时感性，该感性时又理智啊。

彭叔叔

PWV19 报应，在小三转正时才到

彭 Sir：

你好。对你的喜爱与支持不想多言，是想说会一直一直地持续下去。

我结婚6年了，我跟我先生有个可爱的女儿。直到去年，我都认为自己真的很幸运，找到这样的好男人，有很多人都羡慕的家庭。可是现在我却很无助，不知该如何是好。

我跟我先生的结合，并不是由一件好事开始的。我的角色，应该就是所谓的第三者吧！最开始的时候，我只是个小小的实习生，在人生地不熟的环境里，被他所吸引。我指的吸引并不是他对我有任何的表示，而是他的为人、他的品格，都是我从小一直梦想的。我知道他有妻子、有孩子，有个幸福的家庭。可是当真正爱上一个人的时候，所有的顾忌便会抛之脑后。当时所有的念头，所做的一切都是为了吸引他的注意。

男人有男人致命的弱点。终于在一个醉酒的夜晚，我跟他发生了关系。他妻子知道了，一场大吵大闹之后，他们便离了婚，然后我们就走在了一起。他对我很好，之前的婚姻生活一直很美满。虽然我跟他前妻从不见面，可是我的女儿跟她的儿子却相处得很好。本来我已经拥有了我所希望的一切，虽然得来的并不是那么的光彩，可是我一直努力地去做好一个女人在家庭里应该扮演的角色。我自问我做得很好。

可是，从今年开始，我先生的前妻因为某些原因，失去之前的工作，整个人都消沉了。最开始我先生还带着我跟女儿去他前妻家开导她，虽然我不愿意，可是她的遭遇也令人同情，所以我也就

听先生的话，想办法开导她，希望她能够重新振作起来。如今，我发现先生去她家的次数已经超过回家，过节的时候，从来不下厨的他，居然在家包饺子，我问他要干什么，他说他前妻现在没有完全振作起来，怕照顾不了孩子，大过节的要包点饺子给她们送过去。先生是个好人，我知道他一直觉得对不起她们母子，可是毕竟现在我们才是一家人啊。我跟他沟通过，他开始说我蛮不讲理，没有同情心。我也是真心实意想要帮助她重新振作，可是这些应该建立在不让我失去丈夫的前提下啊。

我先生通过自己的关系，帮他前妻找到工作，也一直在旁关心、鼓励。我想说他真的是个好人，可是这样对我是不是太不公平了。

前段时间，我居然看到他们在我家附近的公园里拥抱，我当时整个人都傻了。

也许这就是第三者的报应吧，我破坏了别人的家庭，现在我的家庭也快要保不住了。我想离婚，可是先生一直觉得是我多疑了，他跟他前妻现在只是朋友关系，纯粹是帮帮朋友。我知道，他不会主动和我提出离婚，但这些都不重要了啊！他心里已经有了前妻，还能装得下我吗？他愈是不提，我就愈感觉难受。现在我真的是希望他主动提出离婚。可是看看我的女儿，她还那么小，我不想让女儿受到伤害。

彭 Sir，我不要求你要教我如何去做，我只希望能够得到一些建议，让我觉得有多一条路可以走。感激不尽。

曾经小三

亲爱的曾经小三：

你的来信差点就成一则佛教讲道会上的小故事，是天理循环因果互报的完美演绎。其实一切皆庸人自扰，我没有支持或反对小三这回事，爱情从来就是你争我夺，成王败寇没话好说。但你的问题，是你认为自己已经一下子把所有东西都抢了过来，所以现在才觉得被人家造反。

你连当小三都熬得过，还会被这事弄得难受吗？他对前妻当然有感情，但毕竟他跟她结过婚也离过婚，跟你在一起了。就因为你认为你现在该全部拥有你先生，所以才会如此痛苦。因此，你不如把自己的步伐退后五十步，然后幻想一下，你还是过去的那小三，尚未转正，或只是转了个半正，你男人跟你这小三在外面有个女儿，组织了个家庭，一个星期有一半时间在你家，连包饺子给妻子儿子也都在你家中弄。你看，这不是比开始认识他的那醉酒晚上，已经走前了一大步啦，还有什么值得怨？

别说你的家庭快保不住，家庭的事，平常心待之，要是真的保不住，大不了就离婚。既然你先生还没有提出，那就代表他认为你那边比较重要吧。要是你当过实习生，你一定能明白，你就把自己当成是你先生家里的实习生，实习生自然没能享有全数员工福利，一切还在实习阶段，你没全部拥有，又何来失去全部呢？

有点阿Q吗？对，是有点，但亲爱的，先不要自乱阵脚，要是有天你先生真的提出离婚，你拦也拦不住，你看他前妻就明白不过。一个国家的主权，包括国土、子民和对管治子民的行使权，目前你的国土就是你和你先生的家，你子民就是你先生和女儿，你视其前妻为□□□□贼匪，人家可自觉是勿忘在莒，□□□□□□□□□□。只要你先生没有提出离婚，就不该自乱阵脚，对前朝遗民有点关心，不代表一定会造反，何必这样霸道呢？

就像买股票一样，继续保持审慎乐观的态度去留意发展（但不代表完全放纵，也别一味刺激他，直接把他往前妻怀中那边推）。

这点点痛苦，就当做是小三转正的阵痛吧。相信你现在的痛，远不及她前妻得知你们喝醉上床的那个晚上呢。

PWV46 老婆跑去当人二奶

彭导：

你好！

之所以执笔给你写信，劳你费心劳神，一是此事困扰我许久了（快一年），二是我不知该如何处理此事，也想给此事一个了结。

长话短说，不耽误你时间，我与我女友认识四年了，其中分分合合，也一起吃了不少苦，她是个颇为有心计的女人，但是她以前很爱我，我也天真地认为她不会做对不起我的事情，但是似乎我错了。

去年，她和我来到我的家乡一起找到了工作，安顿下来，她和我不是一个省的，住在我家，可是刚安顿下来不久她要搬出去住，从种种迹象表明，她和她老板好上了（我爸妈的认为），但是我不相信，当时我也很爱她，然后虽然搬出去了，但是关系还是藕断丝连，没有分手，然后有天她说她怀孕了，想和我先生孩子后结婚，我爸妈觉得这样不妥，就没有同意，后来她也同意结婚了，就办了酒席，但是她一直不肯领结婚证，说等身体好些去领，后来她要回家生孩子，说在家生孩子舒服，我们也没有办法反对，生了个男孩，她要我去她家看看孩子和她，但是工作太忙，没有去，谁知道她以此为理由说要分手，不回来了，音信全无，带着孩子走了，之后我也不知道她在哪里，她父母也不告诉我们，但是上个月我无意翻看到了她的电子邮箱，里面有她把孩子的照片发给她老板的信件，并且有喂奶的图片（证实她和她老板有染），并且她现在的住址就在我的家乡一个地方的别墅区，我爸爸也踩点过了，等于她就是做二奶了，我想她当初是想脚踩两只船，明明怀了别人的孩子还和我结

婚，说是我的孩子，现在人家都认为我的老婆跑了，是我关心不够的原因，我妈妈为此也是伤心不已，你说我现在该怎么处理？是去找她理论还是怎么办？

小伟

小伟：

首先，从种种环境证供来说，要是你问我：她是否跟老板好上？我认为是。但这个好上了的时间很难确定，到底是在她怀孕前？回娘家生小孩后？还是你说工作忙不去看她和孩子，她嚷着要分手之后？或是在搬回你城市那别墅区后？这都难以准确肯定。

但从表面证供看来，无论如何，他们这有染是染定啦。要是只有你们二人，我会劝你根本不用再理会她，反正没拿结婚证，乐得爽快干脆引刀一快各行各路。也许很久以前她很爱你，但明显，现在早对你没感情了。

只是，现在因为有了小孩，事情就复杂得多了。虽然各种环境证供对她都很不利，但从法律观点来看，所谓法治精神，就得排除一切合理怀疑，在排除这些合理怀疑之前，一切疑点利益，都应归于被告。因此，我认为这些间接证供虽已明确表示她跟她老板有染，但并不能单凭此就证明小孩是她老板的，而不是你的。

当然，把喂奶的照片发给自己老板是有点……诡异，但也不能排除有其他可能性的存在啊。好像……她在娘家休养期间，因你没去探望她和孩子而感到寂寞，于是就参加了一个母乳育婴大联盟，刚巧老板太太最近也生了小孩，却一直抗拒喂授母乳（因为怕被咬……又或是打算将来参加奶总举办的年度乳晕选举，所以怕喂奶会有影响打折之类），因此你妻子知道后，就义不容辞把自己喂人奶之照片发给老板再转发其妻，好让她看后安心，亦因而了解母乳育婴对小孩身心健康成长的重要性，最起码是避过三聚氰胺的一个好方法（当然，这个见解连我自己也觉得太扯了吧）。

但无论如何，我认为一旦有了小孩，事情就该谨慎一点。因此我还是建议你直接问她，当然没必要当面去谈，既然你已知道她地址，何不发封信过去问？但拜托，别再叫你父亲拿过去。我读你信，怎么你家好像是集体婚姻，你爸妈和你一起跟她结婚似的，什么事情都是你爸妈认为，连到别墅区踩线这等事，也得由你爸去做？现在让你最难堪的，也不过是因你老婆跑了，人家说三道四令你妈伤心？你洞房花烛夜，两老有在旁提点打气吗？到底这段感情是你的，还是你爸妈的？

读你一面之词，免不了有点奇怪，哪个父母不想赶紧见初出生小孩一面？可是干吗她要你去探她，你竟说工作忙不去呢？要是她一点机会也没给就马上要分手，倒是有点太绝情，只是你因工作太忙而一直没去探她，也有点说不过去哟。

在此按下不探究个中原因，毕竟要是她回复孩子不是你的，问题清晰不过，要吗她不回复你，也就可当个默认。

要是真的如你所想，孩子根本就是别人的，那你倒该庆幸，你和你爸妈都不必再为此费神。街坊说三道四，你妈也可直白反驳：咱们媳妇去傍大款啦。

午间：短打

彭导：

您好。我是一个三十三岁不中不青的普通人，最近我喜欢上了一位小我十岁的女同事，她是到我们酒店实习的，即将毕业的大专生。我很想和她交往，可是由于我已经很久没有交女友了，所以心里非常不自信，总觉得自己的个人条件不是很好，而且年龄比她大了十岁，也不是很有把握她对我的感觉，所以很怕跟她表白会遭到拒绝。我们相识的时间不长，而且明年一月她结束实习，就要回到她的城市，回不回来也不好说，如果我现在不表白，恐怕以后就没有太多机会了。我很矛盾，处于彷徨的状态。

我看过您所有的电影作品，觉得您对于男人和女人间的感情关系把握得非常细腻，很有生活，因此冒昧地向您征求一下意见，我该怎么办？

石恒

石恒：

当然跟她说，反正她都离开，被拒绝又如何？你还有啥损失？怕她不寄圣诞卡给你？你都已是输无可输一穷二白啦，赶紧听两遍崔健的《一无所有》来壮壮胆，就赌一把吧。

彭导：

我做了我这辈子第一次春梦，我思考了很久，因为我对春梦的定义，不是好了解。我发梦见到两个人在发生性行为，我在旁边看，但我醒后想起，发梦的时候又好似有反应。虽然我只是第三者甚至第四者，但梦中的画面又极度赤裸，而我虽然没同人发生性行为，但又好似身临其境，这也算是春梦的一种吗？因为之前我对春

梦的想法是你是主角，而且还会在梦中有强烈反应，但我又觉得会不会凡是有关性的梦都叫春梦？另外，绮梦同春梦有什么区别？还是一样？

小新

小新：

广义来说，凡是跟“春”字有关的梦，都算作春梦。因此在梦中，即使见到陈小春、李宇春或村上春树，都算个春梦。

当然，准确点说，春梦该是含有春日的感觉，春天乃一年之始，春回大地，湿气自然重，因此女生之春梦，不妨用湿度作界定标准。要是醒来自我检查，发现下身相对湿度超过百分之七十，那就恭喜你，因为你刚才发的正是春梦。

至于春梦和绮梦之间的分别……大概就跟梦到李宇春和陈绮贞之间的分别差不多……够啦！别胡扯啦，那梦是你的呀，怎么你都是主角嘛，你以为是《色戒》，床戏都得留给女一号呀？要是连你这个都不算春梦，那还有啥算春梦哟？

可爱帅气的彭导：

我喜欢您的剪辑师李栋全（羞）。

因为我是编导专业，也在学剪片子，看了您的《暑期作业》我就开始对李栋全有想法，不过还不非分，到了《买凶拍人》，我就真的“想入非非”了。不过那时还不知他庐山真面目，然后我看了《香港制造》。

哇，李栋全真的有够帅。对于他在《香港制造》里的形象，我打心眼的有种仰望又可怜的爱，好像是体会到他无以复加的善良

纯真，又可怜着他那卑微又无奈的命运吧。

怎么讲，对于那种又丑又美好的事物，才有最真实的情感。

我现在的男朋友就是有点像《香港制造》里的亚龙一样，内在的美好。我也和他说过他像亚龙的事，不过他比亚龙聪明也幸运些，但某种表情或感觉就偶尔很相近。

彭导，我只是想让你帮我转达一下我对李栋全的爱和敬意，告诉他每周三下午我在上 première 课的时候都会想起他。谢谢了哇。

暗爽而虔诚的鸯

鸯：

……只能说，林子够大，就什么样的怪鸟也有呢。你跟男友说他像亚龙时，有否留意到他之后两天都很沉默？可能是在生气啦。

会代阁下转达你对李栋全的爱。顺带一问，我想你……也该喜欢看《怪物史瑞克》(Shrek)，对吧？

浩翔兄：

我个人很欣赏动作指导董玮，你能否帮我弄到他的联系方法。很想跟他交流一下。

上帝不哭

上帝不哭：

董玮的联络我当然有，但倒想冒昧问一句……干吗你认为我该把他的联络给你呢？

收到你的来信，我一直在疑惑，到底是你这提议比较突兀，还是上次我于北大演讲后，那个走来塞包东西给我，着我帮他带这东西往香港给张婉婷的朋友那家伙呢（在整个演讲中，我可没提过一句自己认识张婉婷导演啊）？

两位都是旗鼓相当，各有千秋，一时间也难分高下。

亲爱的彭导：

报纸说女生的身高情结和男生的处女情结一样，都是很荒谬的。但不幸的是我还是有身高情结，更不幸的是，男友的身高不高，只有 170 多一点。真是杯具，自己整天叫嚣着男友一定要多高多高，最后竟然莫名其妙地和个矮个子男生坠入情网。我也知道这是个很可笑的问题，身高什么也说明不了，但我就是难过他不够高。与他相处的这段时间，我一直在纠结，到底要不要继续下去，虽然很喜欢和他在一起，但是一想到他的身高就痛苦，甚至幻想明天一觉醒来他就会猛蹿到 180。我究竟要怎样才能说服自己不在乎男生的身高呢？

P.S. 我的个子也不高，刚到 160 而已。

身高控

身高控：

多跟他□□混，躺着就能忘记身高。只要他是正常男生，激情时平躺看来可要比你高呢。当然，除非你隆过胸，平躺也是横看成岭侧成峰，那就是另一回事了。

记着，躺平了，世界上许多事情，看起来都不再重要。

下午

第四课／人生若只如初见　能X一遍是一遍

PWV55 Barbara 恐惧症

尊敬的彭先生：

你好！以下是我的相关信息。

性别：女；职业：女大学生；另外：逻辑分析能力还算比较强。

之前先看了你的关于《爱的地下教育》的十点要求，很遗憾可能因为写不到五百字而“被夭折”，而当看到大家不管长打短打纷纷不足五百字的时候，终于放心下来。

事情是这样的，我妒忌男友的前女友，妒忌到浑身发抖的程度。这似乎应当是个常态，而他们的案例确又与通常的前任案例有所区别：

第一，他们不是读者想象的那样常常联系、藕断丝连，不是暧昧不清、分手还是好朋友，分手原因也不是由于什么国仇家恨、迫不得已，因而容易让人联想到再续前缘，而且他们分手已经远在大约五、六年前（可见中学生早恋真是贻害无穷）；

第二，尽管此女有过数度浪逐红尘回头是岸悔不当初，离开你是个错误，想要找回“从前那个最爱的你”，我那汉子向来给她直接而否定的回答（起码我从手头的信息得出了这样的结论）；

第三，作为一个些许自恋但并不严重的优秀女性，客观地相信自己的样貌、学识、理性和表面上（不包括汉子不知道的部分的）包容程度都要略强于此女；床事不好讲，相对的很难比，因为人外有人天外有天，然而我相信自己的绝对实力，耶！

一切看似欧科，在此女打来电话数度干扰的时候我也能做到（表面上的）游刃有余，镇静自若，对答如流。然而，我却得了一种怪病，这种病的名字多种多样、层出不穷，你可以叫它 Barbara

恐惧症（这是她的英文名），也可叫它韩国恐惧+厌恶症（她留学去了韩国），或者蕾丝内衣过敏症（因为她曾说过她喜欢蕾丝内衣）……等等等等吧，看到这些东西就会浑身冒汗，这是嫉妒吧，你看你看，以上这些元素我都不曾拥有。

这怪病分成两个阶段：

第一个阶段，作为一个当代女大学生，我竟然一度逃避韩剧，逃避MSN（尽管我并不能遇到她），不敢去“校内”，“校内”你知道吧，很红的一个交友网。看到或者想到这些，我就恨不得一屁股坐在地上，以手扼腕，说：你没事，□□□□。

第二个阶段，认识到之前的逃避有点掉价，我选择了主动面对，选修韩语课，与室友一同观摩韩剧，以在线的状态登录她的博客，逐句研读她写的那些“过去的美好回忆”。在做这所有一切的时候，我心慌气短、强行忍住了猛烈的呕吐感。

可笑的是，引起呕吐感又强压下去，似乎成了我的一大嗜好，欲罢不能（可以尝试用弗洛伊德解释）。

哦，为了方便你的分析指正，还要给你提供一条时间线索。我认识她在他们认识之前三年，作为此女的学姐我们相处愉快，然而来往不多；在他们短暂的早恋期间，我曾是她短暂的知心姐姐，然而与此男并无往来；在她把他甩掉之后，她曾说欣赏我的行为方式穿衣风格，曾写暧昧的信件给我，赠送礼物若干；我高中毕业，他们各觅新欢，我与此男女失去联系；大学我与此男相遇，搞在一起至今三年，在我们搞在一起之后，她离奇出现，并幽怨地指责她最爱的我抢走了她最爱的他……（什么跟什么）

我把这些告诉了我的汉子（哦，我的爱人），他设法帮忙似乎收效甚微，于是我知道，这是我的心病，而非他的。

于是就是这样一个既老辣又生涩，既摩登又不入流的少女，

成为我又痛又爽的梦魇。

好了，我说完了，手心的汗湿润了公司的鼠标&键盘，惊讶地发现，距离五百字已经不远。

祝你身体健康，这是我能给的最好的祝福。

M

亲爱的 M：

香港卫生署规定，医生不能自行替自己诊症开药方，因为即使有专业知识，但对自身病情，也可能会有错误判断，所以务必要请同业诊症和签署药方（当然，有些大夫会叫其他医生帮忙签署，然后自行开药方）。

所以虽然你对自己的韩国恐惧和蕾丝内衣过敏症都有深切研究，对病情的阶段也有掌握，可是由于事情太贴身，还是不该自行处理。加上你病情比较复杂，那个 Barbara 跟你汉子现在的纠缠，看似不纯粹是旧情人要回来，你和 Barbara 之间亦确曾有点……暧昧，令事情变得有点阿莫多瓦 (Pedro Almodóvar)，同时也混了点岩井俊二哟。

话说回来，我认为你的第二阶段目前有点矫枉过正，你企图用此方法去压制病情扩散，可是剂量却没有控制好，反而成为了你心灵的一种倚赖。任何东西用得过量都会成瘾，明显逐句去斟酌她的片语只词，既让你享受沉溺在苦涩里，也为你带来种莫名的兴奋，□□□□□□□□□□，□□□□□□□□□□□□□□□□□□□□□□□□□□□□□。

看你的信，其实都没什么大问题，都只是你个人心病，反正你的汉子没有任何接受她的打算。我不赞成两头的极端，你不用穿着蕾丝内衣听着韩语歌去跟你汉子调情，以证明你能提供别人所提供给他的一切；当然也无须一看到《大长今》就得把电视砸毁放火，中间还是可找到个平衡点的。当然，这个就得你自己去拿捏了。

其实对方只是你人生那出伟大爱情剧中的一个小小群众演员，无须为她多费一点心力，与其用身体汗水去润湿鼠标键盘，来细述一段早已淡忘的旧情，倒不如用来滋润你那汉子吧（横看竖看这句话都像邪念语……）。只要放轻松，生活总是可以顺其自然地流畅，正如当初你担心字数不够五百会被夭折，最后说着说着，就轻轻松松过了千字哟。

也祝你身心健康。

PWV24 爱你爱到杀死你

Dear Pang:

喜欢你的电影、你的文字，不过邮件里就不多说什么了，一直想给你写信，今天喝了碗街角餐厅的罗宋汤，突然有了勇气。

我同男友交往四年，巨蟹男，多疑、报复心强、爱我很深。好的时候，也对我不错，只是偏激的性格让我很难接受。

其实他在人前也光鲜闪亮，举止得体，相貌英俊，有份值得羡慕的职业。

只是到了私人相处的空间，就变得自私、极端，甚至暴力，让人难以忍受，所以纵使他万贯家产，外加天使翅膀一枚，也难留住人心。

一早就想和他分手，但每每都收到他威胁说，分手就杀了我。并不停给周围亲友打骚扰电话，总之我的生活弄得一团糟。

有朋友说：放心，他不会杀了你，难过一段时间就好。

但他偏偏真的是这样极端的男人，曾经因为我接了个男人的电话，他就拿刀插进自己大腿，那种冷静的眼神，像示威。

我自认是有耐力的女人，只是再好的耐心也经不过四年折腾，所以四年了，依然没有分掉，过得苦不堪言，耗费青春大好时光。

对于未来很无望，一段没有结果的感情，却偏偏耗着我的宝贵时光，分又分不得，过也过不了。

Fianna

Fianna:

建议两个字：分手。

把你这封信总结下来，这个男人，他的优点是：爱你很深、好的时候对你不错、拥有让人羡慕的职业、家财万贯；他的缺点是：多疑、报复心强、偏激、自私、极端、暴力、让人难以忍受、威胁分手就会杀死你、致电骚扰你亲友、用刀插自己大腿。

你看，这样把信件简化，不就一目了然了，你还要等什么？

从信件中，我无法判断他会否因你提出分手，而做出伤害你的行为。但你也可想象到，即使跟他继续下去，他也有可能做出伤害你的行为，更重要的，是他连伤害自己都不怕，那伤害你又有何所惧呢？

你继续耐心等下去，也不见得能改变什么，只会消耗你更多宝贵的青春大好时光，长痛不如短痛，定当尽可能一刀切的分手。

分手前做好一切的准备，要是同居的话，趁他外游或回乡不在的时候，找朋友帮忙把东西搬好，到直接跟他说分手的时候，紧记多请一些你的朋友一同赴会，千万别在私人地方，例如你们家中，尽可能到公众场合，例如餐厅之类。别让他难堪，但也不要让他误会这段感情还可挽救，快速地清楚交代好大家的事情，从此就不要再见面。要是决定离开，就别再回头，不管他怎样求你。可以的话，就搬到别的城市生活一段时间才说，也不要跟他拖泥带水继续纠缠。要是情况严重的话，定必要报警，寻求协助。

祈求用群众压力来让你折服，就已经是个不大体面的表现。其实不用我多说，答案早在你心中，只是你还有一丝的奢望，希望事情能往好的方向发展。我们都渴望童话的大团圆结局，但事情往往不会如此发展。

祝分手顺利。

PWV35 男人最重要的，是他内心世界还是……?

忧郁的冷笑话专家、可敬的精神导师，彭导：

我在众目睽睽的办公室偷偷给你写这封信哦！而且把文档移到屏幕一角，凭着感觉打出这些字来。我想探讨的问题既不新颖，也不是什么重大烦恼，只是常常让我想起来的时候有些困惑罢了。

“究竟一个男人最重要的，是他的内心世界还是床上功夫呢？”

或者每个人都觉得答案好简单。若是换了别人问我，我也不经大脑就能给出答案。当然是前者啦！人类毕竟跟动物有区别的呀。

事情是这样的，我的前度男友因为有着丰富的经历，床上功夫相当了得，我们在一起的一年里，大家也相处很愉快（或者不如说做爱愉快吧），只是慢慢地我觉得他是个好无趣的人（床上依然是有趣的！），下决心跟他 Bye Bye 了。分手以后并没有多少失落或遗憾，只是我常常怀念跟他亲热的时刻。(没错，我是色女！)

后来碰到这个人呢，就劲啦。他是我在好几年间一直都意淫的对象，就像一个自己所崇拜的名人（比如说彭导你啦），只是远远仰望，从来不期望跟他有什么交集的。但在一个偶然的场合下我们认识了，后来发展到他居然向我示好。当然啦，我无法抗拒（谁又能抗拒呀），毫不矜持地接受了他。我这才发现，跟这位处男在床上非常尴尬，撇开缺乏经验不谈，他做爱的时候非常无趣啦！

只是，在心里我还是跟以前一样敬仰着他，觉得他是一个才华横溢又值得深爱的人。只是，每到做爱的时刻，我就在心里默念：“让这神圣的仪式早些结束吧！”

有时候我还会忍不住想笑，真的很尴尬的呀。给我这个不知

所措的人一点儿意见吧。

具有探索精神的色女 Miss K

亲爱的色女 Miss K：

首先感谢你在工作的百忙中，也偷空写这封信给我，同时希望你工作的地方不是我公司，要不然你就可能是阿 Quin 哟。

究竟一个男人最重要的，是他的内心世界还是床上功夫？这问题实在比哈姆雷特的 To Be or Not To Be 还更让人困扰为难。作为男性，我的响应当然会有不公正或偏私或企图为自己开脱辩解的嫌疑（这可说是真正的护短——无论是时间和实际肢体两方面），但你问题最重心的地方，是哪种“最重要”？要是你问我，我给你答案，还是内心世界。

床上那等功夫，即使连前戏后戏和正餐活塞运动加起来，最多也不过两小时吧，年轻时血气方刚，一天能干上三、四趟，但还是占不到每日二十四小时的三分之一啊。当然，要是每天花上八小时在床上的话，那就早已足够由业余组别升格到打职业赛啦。

所以我认为静下来的沟通时间还是比较多，加上随着年月消磨，床上技巧仍可熟能生巧成个工匠，体能和爆炸力无奈地还是会下滑的。但内心世界却会随着岁月历练继续增长升华，要是你不喜欢跟那人沟通，即使他给你一次爽死的高潮，可是在他结束后和等待下一次再来之间，你会发觉他无聊得让你想马上起身去查一下微博有多少新增评论，或煮个虾子面之类来打发时间。

关于你碰上床上技巧很糟糕的那名人，虽然你没有说清楚他糟糕的原因，是因为先天条件不足，还是缺乏你所拥有的探索精神？或是只懂机械化的蛮力打桩？要是后天技术不足，我认为在现今男女平权的社会里，既然对方是个处男，你不妨开放点，教导一下他，以你的探索精神去诱导他。得明白，虽然他一直是你的意淫对象，但那并不代表他一定很淫啊。

你知道也懂得说，你跟前度男友之所以做爱如此愉快，全是因为他有丰富经历啊，有时不一定要享受成果，为人师表的过程也是一种乐趣（换个说法，也可叫做禁室培欲啦)。学无前后，达者为先，既然你已找到性爱精粹，也是时候该回馈社会，指导一下这位处男吧。即使日后你未必能跟他长相厮守，也算造福一下后面的下家啊。

P.S. 顺带一提，即使他是个才华洋溢，值得你深爱的人，但也拜托请不要把这种做爱没趣，缺乏经验的家伙比喻作我吧。要不是我有海纳百川之胸襟，这信我早撕啦。

PWV9 请问我究竟是同性恋还是双性恋？

美丽善良高贵大方英俊有型的彭导演：

我想问一下你，是否知道如何辨别性取向？我个人觉得自己可能是双性恋，我喜欢男生，也喜欢女生，当我喜欢一个男生时，我很想和他交朋友，但当我喜欢一个女生时，却很想泡她。哦，忘了告诉你，我是女生。可能看了我以上的描述，你会觉得我倾向于同性恋，但据我所知很多女同志都是很排斥男性的，但我一点也不排斥，甚至觉得在一起也没所谓，这代表我是双性恋吗？但我又只有在和女生靠近的时候，才会有心跳加速的感觉。由于我还未成年，无法通过性来判定取向，能给我一些建议吗？

呃……还有……我脸皮比较厚，想再问你一个咨询性很强且一点都不有趣，但也十万火急的问题，我快上大学了，要选专业学科。我大概一年前开始就很想以后当导演，我知道很多导演在做导演前是编剧或从事一些与写作有关的事业，你也是，那你最开始的时候是想当导演还是作家的呢？写作能力强真的是做导演很重要的前提吗？因为我经常会在走神的时候想到很多画面、镜头，而不是想到一个故事的开头、经过、结尾，而且若要我用文字复述，我不知道怎么写出来（不知是不是因为从小开始被老师要求练习写那些诸如：××的一天，我学会了××，这件事真令我××，令我对写作没有什么好感，虽然我也知道如果真的热爱写作的话是没什么可以阻碍的），但如果要我做古仔，我也能做出好东西，搞笑的、感人的、浪漫的等等，都可以，但如果当我想表达自己的想法、感觉时，我总是画面行先，那会不会说明我只属于幻想型，根本就不适合当导演？

如果这个问题你觉得不想答，真的没所谓，因为我已经决定了，无论怎么样，我也要当一次，虽然我知道不是说当就能当，所以或者说一定要入这行试试吧，因为没试过我是不会死心的！不过日后你要是看见有个专拍烂片的导演，说不定就是我！因此，注意，挽救香港影视圈这个伟大的任务，就交给你了！不过如果你愿意回答，也不要刊登出来啊，因为我觉得自己这样问其实挺样衰的……呵呵呵。

写到这里，我突发奇想，也许你可以为了帮助我，等你的助手唔捞[1]了以后，让我做你的助手，帮得手之余，还可以免你女友担心我这个有同性恋倾向的女助手。当然，说不定我一不小心，因为你的魅力而扳直了，那你该多有成就感啊！对不对？真值得考虑！不过你千万不要误会，我写这篇东西不是为了应征的，哈哈！如果你觉得我太无耻了，就当没看过吧！如果你觉得我无耻到不可容忍，也千万不要告诉别人啊，免得我被人柄！感谢！

后辈　新奇士

新奇士：

从你在上款对我的描述看来，知道你是个观察入微，具判断力的人，但也许旁观者清，当局者迷，你看我可以很客观准确，但对自己的问题却了解不深。

其实可能性有好几种，我们不妨先把它列出来：

1. 你可能是个同性恋。但因相信“有竞争才有进步”的箴言，所以接受其他潜在竞争对手，并跟他们相处都很好。

2. 你可能是个双性恋。男女通杀，来者不拒，就像旅行携带的

1　唔捞：粤语，“不干了”的意思。

转换电插座一样，兼容性很大。

3. 你可能是个异性恋。喜欢女生，只不过是同时也有变性欲望，一旦变成男生，就成世俗所能接受的一般异性恋。

4. 你可能是人狼。成年后每逢月圆，就会长出长毛獠牙，吸取鲜血……人狼好像没有专门吸血的习惯，但没关系啦，说不定你是吃的基因改造食品太多，又没读过那本沉甸甸《狼图腾》的基因变种人狼（像 X-men 那种）。

5. 你可能年纪太小，根本不知道自己在胡扯什么。

这样一直列下去，恐怕还可列出一百几十条，但最重要的，是你根本还没长大，没跟人发生过□关系，相信连拍拖的经验也不多，怎能一口咬定自己喜欢的是什么呢？你爱吃波斯尼亚菜吗？要是你没光顾过波斯尼亚餐馆，也未曾因吃波斯尼亚菜而拉过肚子，为什么一开始就一口咬定，自己不喜欢波斯尼亚菜？

小时候，我家只有兄长和弟弟，甚至表姐表妹也没有，加上念男校，因此跟女生玩的机会不多。曾有一段时间，我坚信自己不会跟女生来往。当然，在我中学时突然转读男女校后，这情况就出现 180 度的转变（我念的那所中学，女生还是穿水手服哟！——这有什么关系呢？提这个，只是老衲自己缅怀一下而已，呵呵）。因此，别急着为自己结案陈词，盖棺定论，最起码也要尝一口波斯尼亚菜后，才判定自己是喜欢还是讨厌。突然想起，顺带一提，波斯尼亚女生都好像挺漂亮（同是跟主题无关啦）。

格式是开始学习一件事时所必须的，先要学习格式，然后尝试将之打破，就像我们初学书法会临摹王羲之的帖子一样。老师规定的写作练习固然讨厌，但偶尔也可恶作剧一下，例子如下：

分尸的一天，我学会了谨慎，这事真令我过瘾。

新婚的一天，我学会了偷汉，这事真令我忙碌。

傍款的一天，我学会了逢迎，这事真令我长大。

做句的一天，我学会了恶搞，这事真令我拉风。

看他有什么反应，也是满有趣啊。

想成为导演，就努力去做吧，既然你已有预定拍烂片的准备，而不是一心认定自己能成大师，那就没关系，因为你已把最坏的底线都设定了。

拯救香港电影圈的任务，我做不来，我只能努力拍我自己的电影。你的问题当然会刊登出来，请放心，即使样衰，也样衰得卡哇依呢。

暂时还没见到我助理唔捞的可能性，同时间，我是个满有自信的人，因此不需要透过扳直你来增强成就感。相反，我却担心你要争取成就感，而去拗弯我的女伴呢。

PWV23 澳洲热情遇上法兰西寒流

彭 Sir：

你好，我是 Summer。看了你的《爱的地下教育》很久，现在鼓起勇气来求教……我目前在澳洲读书，男友在法国工作。我们是在国内一次朋友聚会里认识的，当时并没有多联系。

后来，在开心网里，加到了他。然后由于一个小小的话题，聊得很投机，然后我们恋爱了。基本就能算远距离＋半柏拉图吧。我觉得我快疯了，我们有九小时的时差，我要上课，他要上班，每天能说话的时间很短。我每天很努力地找话题在 MSN 上和他聊天，我每天拍照片给他，自拍，和一些关于我的生活的照片。开始他还不错，但是后来我发觉找话题找得很痛苦，不在一起，生活圈子不一样，我有时候都不知道说什么。

还有我开始觉得他爱理不理的，如果我不主动找他，他也不会主动来和我说话。我和他说过这个问题，我说他不在乎我，他总是说我想得太多了，而且他说他工作很忙，有时候没时间与我说话，其实本身我们能交流的时间已经很少了，哎……这真是我想多了么？

他说他没自信，怕我在这被别人追走了，我其实没安全感，总觉得他在法国还有别的女人。我之前一段恋情伤得我很深，我又是巨蟹座的，很不容易忘记和放得下，我是爱情的悲观主义者，总认为每段爱情的结局都不会好，我讨厌心疼的感觉。其实我每次都惧怕恋爱，却又迷恋被爱着的那种幸福时光，我觉得我有时候有点病态，爱情对我就像吸毒，怕伤身，却又会上瘾。

他这几天从法国飞来了澳洲，因为我说我待不下去了，想分开。

当时说完后两个星期，我们都没有联系过，他也没有表态，我就当他默认了。上周他突然说这周要来澳洲。

彭Sir你觉得他来这的原因是什么，是真的爱我要挽回么？还是说因为柏拉图了那么久，没有真正和我做爱，觉得就这么分手不值，或者为了别的什么原因？□□，□□□□□□□，□□□□□□□□□□□□□□□□□，□□□□□□□。□□□□□□？□□□□□□□□□□□，□□□□□□□□□□□□□□□，□□□□□，□□□□□□□□。我现在很烦恼，我不知道他来澳洲的目的，我该怎么做，若他不是爱我，我也不想浪费自己的感情和青春了，虽然我很自欺欺人地抱着一点点的幻想……

请彭Sir指点。

快被澳洲夏天搞疯了的Summer

快被澳洲夏天搞疯了的Summer：

其实恋爱与做爱，都该是件开心事。一开始，我们谈恋爱就是为了在里头找寻快乐和幸福，只是许多时候，却成了本末倒置的温水煮蛙。

不管什么原因，要是恋爱中找不到快乐，这段感情就定当出问题。一个健康的人，会突然每天流鼻血吗（这个比喻好像不太好，我就是那种会常流鼻血的人，但一般都是睡不够，上火，或出埠到天气干燥的地方时才会，那是身体给我的一个讯号，提醒我出了问题）？

我相信，要是你感到在花力气去找话题，那就是这段感情给你的讯号。要是两情相悦，话题都是信手拈来，如须根指甲般自然而生，根本用不着花力气去找，即使二人沉默地靠在一起，也会感觉无比自在。要是对沉默不知所措，那感情就算未到尽头，也早已开到荼蘼。

一个怕你被别人追走的人，才不会不主动跟你聊天逗你笑。不论他的工作是军情六处 (MI6) 的特工 (噢,这个好像不在法国啦)，还是法国外籍雇佣兵什么，也不可能忙得连女友说分手，都得等上两星期才跟你联系。那么要是将来结了婚，你想跟他上个床，不就都得跟他提前一个月半年去预约吗？ Baby，天底下才没有这么忙的人，只是看他把你放到什么位置上吧。

□□□□□□□□□，即使拍多少照片也不能靠此维系一段情。很难猜度他来澳洲的原因，是为了赶紧在分手前办你一次，还是希望挽回这段爱情，也不必在意他是否在法国有着一段 Aller Voir Ailleurs（此乃法文对外遇的形容，要是直译的话，可以译作“到其他地方瞧瞧”)。这个重要吗？ ONS 还好,起码不用对此有任何期待。提出了分手，还得花两星期才能来澳洲，中间连个电话也没有，那要是下次你再撑不下去时，又要等多久？

没有人能保证感情能天长地久。没有所谓该不该,只有想不想。谁有资格说你在浪费青春？只有你自己。一旦感到有可能是在浪费青春，那毫无疑问，这段感情正是在浪费你的青春。开心网本就是要让人开心，可不是为了让你结网自困啊。

你知道被夏天搞疯了的好处是什么吗？就是夏天总有结束的一天。

祝你早日步进生命中之另一季节，爱在深秋。

PWV36 我爱老男人

彭导：

我总是有喜欢老男人情结，喜欢同比我至少大十岁的男人一起玩。

前一阵子刚刚有同龄的男生向我表白，我只答应试试看，但是一个月的时间也不到，我就觉得无聊透顶，觉得小男生的感觉太重，主动提出分开，不要拖着，互相折磨。嗯～～到底什么是小男生的感觉？他们看到喜欢的人，说话会紧张，一句话想好半天，最后说出来也是文不对题的话。两个人在一起好像总是找不到合适的话题，或者说，无论说什么内容，他们都会怀疑是不是不合适，犹豫到最后没有一样合适。有的男生也会滔滔不绝地讲，但是往往我根本不想听。

但和自己大很多的男人（当然不是所有）感觉就好很多，他们往往在我只说了一半的话，就知道我想要什么。站在他们旁边，总有一种被强烈的包容感。或者说是生活里历练出来的稳重，站得定的气息。和老男人在一起无论讲话还是开玩笑，总是能够很尽兴。我周围的同学都有男朋友了，但我没有，就因为我不喜欢周围的小男生，才很短的时间，我就是因为玩不起来，比很普通的朋友还要普通，最后总是以分手解决。我不喜欢他们那种刻意的等来等去、亲来亲去的恋爱方式，有感情不等于一定要在楼下等，或者总是勾着走路，然后不时地亲一下。他们调情、浪漫的方式显然没有老男人多。而且，我总是相信有经济基础，才有上层建筑。

喜欢老男人是不是不太好，虽然很多小说、电影里都有这种题材，但是现实中，终究是不太靠谱，也影响未来的婚姻。但我总是有这

种情结，应该怎么戒掉，或者合理利用？

大木林

亲爱的大木林：

说起来，每个人也有自己的兴趣，好像我有大胸女情结，总喜欢跟那些35C以上的女生厮混。前阵子有个平胸女生约我上街，我想了想，也许该给人家一个机会吧，于是就跟她出去了，但都觉得无聊透顶啦，即使在下班时间坐地铁挤在一起，也没什么感觉，磨不出半点兴奋来。

这样的一个男人很低俗吧？但其实这跟女性以年龄去界定交友对象没什么分别。也许你正在念书，大十年其实没什么大不了，有些时候我反而喜欢跟对方相处时，说话会紧张，半天也想不出一句话来，因为这证明对方喜欢你，因为介意，才会紧张。

老男人经验丰富，有什么风浪没见识过？对着你这种初出茅庐的小妹，你说的每句刁难话，对他来说都游刃有余，泡你就如烹小鲜，他当然能猜出你说到一半的话到底是什么意思，因为你不过是他猎艳生涯中的一道小小开胃菜，都吃定你啦。

人生有不同阶段，同年的刻意等来等去、亲来亲去、走路勾来勾去、□□□□□□，都是种青涩的成长阶段。当然，你一来就要吃熟果子也无不可，但我倒认为每个阶段都该试，才不枉在人世中匆匆几十年。

当然，有人会觉得这是浪费时间，打蛇打七寸、擒贼先擒王，一抓就要抓到有经济基础的，你可以界定为喜欢老男人情结，但旁人会有另一说法，叫傍大款。老男人没什么不好，起码在他五十岁体力下降之前，你都不察觉。但得小心，别随便用年龄去区分，因为老，未必一定是男人，最怕找来老男孩，年纪大了，还想着泡小妞。

我认为现实生活中大十年不算不靠谱，也不会影响未来的婚姻，因此我倒觉得重心不是怎样戒掉，其实也无须戒掉，反而我是不赞成利用，那管它合理不合理。

别把年龄设定为择偶的唯一标准，正如男生拣女友，也不该以人家的胸围尺寸或杯码去区分一样，这样容易过分简化。同龄男孩也有成熟的，相反，老男人中，也有部分其实是老男孩装的，林子大就什么鸟都有。

记着，人生不一定要被吃定，才叫幸福。

PWV57 冷漠正派女暗藏的欲望与疯狂

凌厉麻辣的彭先生：

我给你写信，其实就是自己想找挨骂的。我知道自己正驾驶着一列注定会脱轨的列车，开往欲望之终点。但是，痛苦的是我无法停止。

我不知道什么时候开始，爱上了那个大我两轮的男人。或许八年前，不知道。那种秘密的感情就像一粒坚硬的种子，在不适宜的温度下，不适宜的土壤里，孕育了那么多年，我不敢确定。直到两年多前，一个初秋的日子。他出差回来，我们碰面，我说好久没看见你了，而他竟然貌似开玩笑地说，想我了吗。我的脸红得像柿子，然后无语。那一年我三十五岁。我有一个聪明美丽的女儿和一个爱我宠我的老公。就那四个字，让我如小小女孩得到水晶鞋般的快活。那几日，每天清晨开车上班，车窗外的树木都是那么明艳。我终于还是没有抵挡住自己的放纵，一天给他发了个短信：你猜个字谜吧，一棵树，一双眼睛，还有一颗心。这么低智商的谜语，连刚刚识字的小孩子都会有答案的，你知道。然后那天下班，或者第二天下班，我搭他的车回家，并且邀请他参观我的居室。进门后，发生了什么，不说你也知道。但是，仅仅限于一个拥抱和一个轻轻的亲吻而已。他是个怎样的人，你该有所体会了吧。我问他，喜欢我几年了，他说好多年了。我相信。我们没有言明的时光里，那种我自以为是我单方面的感情，原来真的不是空穴来风。还需要告诉你，他是我们那个较为庞大公司的首领人物。

我们刚开始还有短信，后来他就不回复了。我的抓狂你可以想象。我们每天最多能远远地看见一次，在午餐时间。我像个卑贱

的女人一样，想他，根本无法控制。而他理智得像块金刚石。根本不和我单独见面。他说，等机会，等他六十岁后退职。他的一世英名，在我眼里，就是男人的自私和黑暗。就这样，两年多的时间，我自己对他的感情高高低低、起起伏伏、潮起潮落，自己在自己的心里导演，演出独幕剧。最疯狂的一次，把手写的好多好多信，在中午疯狂地到他的办公室交给了他，告诉他，我会结束这份感情。告别的时候，他在我身后，把手放在我的肩头，轻轻地，我那一刻，心痛得厉害，但没有回头，自以为坚决果敢能了断这份黑色的感情。你知道的，像所有电影里的滥套的情节，能结束吗？多少次，我流了很多很多泪水，独自的，在黑夜里和老公温存的时候，在那些个快乐的时候，我都泪流满面，我在忏悔在耻辱在怒骂自己，忘了他忘了他，爱老公爱家庭，可是我做不到。我无法终止。他像石头一样地拒绝着我，永远拒绝着我，只是说找机会吧，等等之类的话。有时候我会好几天控制着不给他短信，他永远不会回复的，你知道呵，那是怎样的一种自尊丧失的尊严失落的疼痛呵。我不知道我爱他的什么，我只知道我爱他不是贪图他的职权、他的地位。有时候想，是否就是因为他理智地拒绝才导致我的探求与征服的欲望。我甚至想和他生活在一起，但是我知道，那就像一个笑话，他这样的人怎么会呢，最多和我暧昧一下而已罢了。

今年年初，我使用了手段终于在黑夜中将他逼出家门，他开车送我回家，我们像所有男女那样，热恋的情节中，但没有最后的出轨。你知道的，他是个石头。他就是因这石头的秉性获得了成功吧，我想。然后到现在，我们又回复了常态。

工作中的我是个冷漠正派的女人啊，为什么在他面前像个疯狂的欲望女人。我不想自己那样。许多决心，甚至在看他一眼，或者听到他的名字的一刹那，就会轰然塌陷。

现在他终于离职了。我说可以见面了吗？他的回答还是一样。我心里真的好痛恨自己。我见他到底是要怎么样呢？是要突破界限吗？此时，我的老公还是那样宠爱我，如果知道我这样，他会杀人的，杀了自己！

感情，还是爱？是畸形的。但我没有办法结束。

你就用你犀利的刀解剖我吧，希望在你鲜红的文字里，让我看清自己、看清他、看清明天的人生。

谢谢。

你的同龄人：薇

跟我同龄的薇：

读着你的信不禁在想，你公司这领导还挺算是个狠角色，虽然内心有点斗争，人也些许龟毛，但总算把持得住，没有潜规则你——或可说被你这下属潜啦。相反，你看起来更像吃不到唐三藏的蜘蛛精，愈是吃不了，就愈有食欲。

你问这算是感情还是爱？其实两者皆不是，只是你个人单向的欲念。幸好你只是下属，要嘛你是领导，你丫这等轴人，欲念主导一切，恐怕就来个霸王硬上弓，哪怕事后得被双规啊。

这八年所谓的秘密感情，并不是在不适宜的温度，不适宜的土壤中茁壮，说实在，你的感情是那种单性繁殖的种子，根本不在乎多少，甚至有没有土壤和水分，就算被雪藏到挪威那个什么全球种子库内，也能在雪房中自我爆出芽来。

对，他对你确实有点动心，起码他会跟你来个拥抱和轻轻亲吻，但也总算守住了最后防线，那你又何必老要冲击他呢？

你这种欲海围城，俗人围得久了，就成轴人，即使在整个战局中，城堡已失去战略价值，但就是因为久攻不下，你觉得心力都花上了，因此执念非要破城血洗不可。不管城里到底有的是什么，破城需要付出多大代价，已经不再是你的考虑范围。

我不肯定他说的等机会，到底是真的在等，还不过是用时间换取空间的拖延战略，但我读着就觉得他可怜，总觉得你这样的行为，仿佛是在欺凌高龄人士啊。

拜托，放过他，就当是在公交车上让座给老人家，都是算个功德吧。

PWV18 100个你所不知道的有关我的盲约经验

导演好：

快三十，有点急，客套就不多说啦。我相过的亲，比南锣鼓巷整条街上的咖啡馆还多（只是请不要追问，南锣鼓巷到底有多少家咖啡馆呢？我也不知道，不必百度，我问过，它也不知道）。所以我今晚决定写下"100 Things You Might Not Know About My Blind Dating Experience"给你。

想到这个点子，我觉得（一厢情愿地觉得）还挺有趣。但很多人都知道我虽然不算宅心仁厚，只是做人就在乎"好看"二字，难看的事是死活不愿意做的，比如"刻薄"就很难看。于是有些担心，刻薄不好看，厚道又无趣。最后选择先尽量做到不刻薄，以下若干条，我尽量叙述客观事实，不做主观判断。当然，How Do You Define"Objective Reality"？也请不要追问，小妹并非在做论文。

100 Things You Might Not Know About My Blind Dating Experience

1. 我盲约过两个民航飞行员，一国际线，一国内线，之后对坐飞机有些恐惧。

2. 我盲约过一个动漫设计师，在南城某公园暴走三小时，并瞻仰了高君宇石评梅墓。

3. 我盲约过一个警官，其间巧遇我老板，在远处一桌落座，中途他短信我说，这男的一般，看着有点木。

4. 我盲约过一个电台播音员，是对台统战的那种电台。

5. 我盲约过一个做差旅管理的人，他给自己点了份肉粽和一碗南瓜粥，戴上塑料手套剥粽子的时候，他说，我就是想吃他们家的肉粽了（于安定门上海城隍庙小吃）。

6. 我盲约过一个在迪拜做生意的人，容貌装扮酷似常来我公司送快递的一个小伙子。

7. 我盲约过一个 Central St. Martins 毕业的设计师，他在家里养了只猴子。

8. 我盲约过一个军校毕业的公务员，他问，你吃过味干拉面吗？我说，什么未干？

9. 我盲约过一个清华物理系毕业生，我不应该忘了高中时在清华自习遇到的露阴癖。

10. 我盲约过一个搞火箭的工程师，脸上有白癜风。

11. 我盲约过一个长得很好看的小男生，对于自己从事的职业语焉不详。

12. 我盲约过许许多多世界各地野鸡大学毕业的中国留学生。

13. 我差点被安排同时盲约兄弟两个。

14. 我差点被安排盲约一个曲剧演员。

15. 我即将盲约一个长得像冯巩的钢琴教师。

16. 我即将盲约一个自称四川全兴队的球员，可分明该球队已解散。

17. 我盲约过我舅舅的前同事。

18. 我盲约过我前助理的老同学。

19. 其他都是家母介绍的。

20. 我盲约过太多次，有 Second Date 的只有两个，但也一个都没成。

21. 这些盲约物件里，我没相中的，和没相中我的，各占一半，也有很有默契 Overlap 的部分，对此我总心怀感念。

写到这，又发现无以为继。算吧，还剩下 79 条。希望在我有生之年，这个 Quota 够用。

关于盲约，我有朋友如此总结：

Blind dating is only recommended for people who have a sense of humor and who have confidence in themselves to handle any situation that might come along. It is not recommended for control freaks, anxious personalities or individuals that don't handle disappointment or rejection well.

尽管我不是Control Freaks，不Anxious，能Handle Disappointment和Rejection，但我的总结是，There's no such thing as a good blind date。肺腑之言。

请问这样继续相亲下去，除了能积累一些笑料和经历外，真的能找到老公吗？刊出时请务必隐去我真名，出爆米花格格，我还要继续在相亲界混啦。

爆米花格格

爆米花格格：

窃以为，凡是点了北京片皮鸭，却不追加炒鸭丝和鸭壳熬汤作三吃的，都是笨人。

要是事情都做啦，何不在里头多找点附加价值呢？看你这样的盲约，似乎还得继续一段时间，因此我认为，虽然你不用急着马上辞掉目前工作，却不妨查一下中国人寿是否要聘请兼职保单推销员。你这堆盲约对象中，又机师又商家，大可顺便推销一下保险，即使找不到老公，也可找点生意，否则青春都白费啦。

现今社会离婚率高企，搞到个老公也不见得万全。他成为你的保险客户，关系可能比跟他做夫妻维持得要久。当然，保险也可能断供，客户有机会仙游，但那是命，怨不得。

有女坚持：这样盲约哟，才不可能把到质素高的对象啦。但我不认同，就像鼻屎永远都挖不完一样，总会有些未被生擒的傻逼好男人。□□□□□□□□□□□□□□□，□□□□□□□□□。

我认识一个朋友，有天她往铜锣湾时代广场喝咖啡时，在路上被街头推销员截停，她不到半小时就被说服了，当场买下个14万港元的护肤疗程。你看嘛！傻逼满街都是，常在盲冲乱撞。奇迹每天都在城市里发生（当然，那是站在街头推销员角度而言啦）。后来我再没跟她联络，因为我气她妈的有这样闲钱，却从没想过投资一下我的电影。

告诉你那盲约见解的人，不管是谁，都不靠谱，不够朋友，要嘛就是想骗你，抢走你的盲约对象。千万别跟这人合伙做生意，去旅行过海关时也得提防，别帮她拿行李。人才不会完美到这地步，要是连一点点 Control Freaks 和 Anxious 也没有，亦能完全控制被拒绝和失望之情绪，这种人，根本不结婚都没相干，就干脆自己一个快乐地活下去，新年抱着枕头看春晚，或山寨春晚好了。

我相信心诚则灵……好啦好啦，这只是好听点的说法，学术点来说，是傻人有傻福。只要你继续坚持把盲约进行到底，就像波斯人攻打被斯巴达人守着的温泉关一样，持续不停，缺口最后还是可以打开的。但与此同时，也得记着，保险才是一生承诺呀。

祝你能于不远的将来，在相亲界混出头来。

PWV42 送了人，还该送礼吗？

亲爱的彭导：

看了你的电影，于是你成了我喜欢的导演。买了你的著作，于是你成了我喜欢的作家。读了你的“围脖”，于是你成了我喜欢的“时事”评论员。上了你的“豆瓣”，于是，我想给“阅女无数”的你讲个故事。

很久很久以前，有个女生，女生聪明又能干，但是跟所有的SB故事一样，她遇到了一个让她变得很SB的男人。男人对女生说，其实我是喜欢你的，只是BALABALABALABALA……所以我们没办法在一起，可惜当时《He's Just Not That Into You》还未降临，于是女生被BALABALA魔咒变成了好傻好天真。

某天好傻好天真同学醉酒之后，便向闺蜜倾诉了自己的难过，闺蜜劝她去把男人追来，并且坚持要亲自看看男人，好傻好天真同学就真的介绍闺蜜与男人认识，从此两人便经常拉好傻好天真一起玩，顺便，带上对方。

P.S. 闺蜜是一个类似张柏芝的存在（不光是外表）。

直到某天，好傻好天真忽然不那么傻了，问男人是不是和闺蜜在一起了，男人说，是。

这时，好傻好天真才忽然醒悟，原来，男人都是多么含蓄而内敛的生物啊，他们的语言是需要翻译的。

“其实我是喜欢你的”＝其实你对我还有很多利用价值嘛。

“但是BALABALABALA”＝但是你不够漂亮哎。

当然，所有的BALABALA在遇到一个够漂亮的姑娘之后都会变成，“我可以为了你克服BALABALABALA”。

悲伤和难过虽然都是浪费时间，但是也要例行公事地走一下过场，闺蜜毕竟是闺蜜啊，好傻好天真还是微笑恭喜有情人终成眷属，并且要回答：是的，我们大家都还是好朋友。好的，我帮你去劝劝他／她。

前面说过，好傻好天真还是有很多利用价值的，又不要钱，不用白不用嘛。

但是的但是，BALABALA 魔咒已经消失，好傻好天真又慢慢重新变成了聪明能干的女生，聪明能干的女生洞悉了男人的企图，告诉了闺蜜。闺蜜说，他只是因为看你可怜才对你好的，这些我也有办法给他的。

聪明能干的女生忽然明白，她一直珍惜的这些人，都只是把她当成笑话而已。于是女生不再与他们来往。从此，王子和公主过着幸福的生活。

故事结束。

可是万能的彭导啊，他们的婚礼，邀请女生当伴娘。当然，伴娘是死都不当的，礼金是一定包足的。但，去或不去，这是一个问题啊。

S

亲爱的 S：

去，干嘛不去？

不过除非你想在婚宴上玩游戏时，于闺蜜面前公然热吻新郎，以舌头去捣乱公主王子的世纪婚礼，否则这个伴娘当然不该当。礼金包到足，但内里的人民币可以全撕掉一半，附上纸条：“我们是好朋友，礼金当然付足，撕去的那一半，是你们寡情薄幸的回扣。”

婚宴前三天开始断食，只喝流质饮料。到了婚宴，在还没开席前，就以饿狼扑肥羊的路线，不断加点蟹肉伊面，狂灌贵价红酒(只要你确定自己喝了酒后，不会闹得太难看的话)。

其实无须万能或阅女无数亦能了解，这个男人早在未遇上你那张柏芝闺蜜前，跟你说：喜欢你，只是 BALABALABALABALA 时，你就该了解，这个男人根本不能托付终身。因此，既然不是什么好货，失之亦无须眷恋，把它当成自己到南洋旅行时，倒霉踢到人家金塔，那先人家人刚好是个降头师，于是向你下降，让你被鬼仔缠身一样，现在鬼仔改缠别家受害人（大概他们家的金塔都惯放在十字路口处吧)，你倒该庆幸执身彩才是呢。

无须耿耿于怀，爱情友情均是相对的，有些人于你，是让你肚穿肠烂的仆街，但对他人则可能是回肠荡气之王子；正如有些人留在身边是巫婆，碰上某人就一缕烟地幻化成公主。

在爱情这学科上，总有一先修课叫翻译，紧记要学懂翻译男女在感情上的对话之潜台词。其实《他其实没那么喜欢你》(He's Just Not That Into You) 写得远比知心姐姐那些要来得一针见血多啦，有空可找来看一下（当然是在完全拜读背熟本书之后啦)。

祝婚礼吃个痛快。

小休：短打3

彭导：

如果说你的《破事儿》我是在厕所看完的，你生气么？其实我猜你也是有这习惯的人，手边没本阅读物，可能无法顺畅如厕吧。我这习惯来自我爸，我要问你的问题也关于他。

我和他关系很好，像朋友。所以他有外遇，我比我妈都先知道。这阵子大概他想摊牌离婚了吧，我虽然早过了需要双亲开家长会的年纪，并且深深明白我那潇洒老爹不安的心，但我更痛惜我妈。一个女人为个家付出大半辈子，连个人爱好都没有，她离了我爸能活么？所以我要采取行动。我知道我的眼泪会是万能药，他一定回心转意，好像我从小就不用求我爸答应什么，他总会让步。

这也不能算是问题，只是想知道你赞同我这种为了自己的想法，而阻碍别人逃脱束缚的做法么？你会怎么做？

顺：听说花心男人总是外公命的，因为上天一定安排个女儿来收服他。彭导你小心。

榴莲妹

榴莲妹：

有时感情开到荼蘼，倒有点像如厕，去了，两家痛快，憋着反让人痛苦。我想，你也该试过忍便的难受吧？即使你的眼泪有这种杀伤力，但可要小心使用，毕竟到头来要相处的，是他一老啊。

你当然可以说你的意见，但作为女儿，不该替他们安排。你这样阻挠他们，跟封建年代的父母之命媒妁之言去指定你的婚姻又有何区别？要说的都说了，怎样做该由他们，何必操心呢？

顺：谢谢你的忠告，可是我必须告诉你，我倒不是什么花心男人，所以上天没有给我安排个女儿来收服我。但愿他多安排别人的女儿来收服我。

你好：

客家情，客家浓。客家人土特产超市店内所有物品，都是客家乡村土生土长的驰名特产。野生灵芝、五指毛桃、鸡骨草、石参根、飞天擒罗、枸杞头等等汤料，是来自客家地方连平九连山周边采集。无污染，具有保健作用的绿色天然食品。其他特产是勤劳有智慧的客家人用传统工艺加工成的美味可口，营养成分含量高，远销全国各地。本店对每一件物品都经过精挑细选才出售的，货比三家而便宜实惠。

本超市宗旨：诚信经营、热情负责、顾客的满意是我们的追求。

本超市信念：传播客家文化、传递土特产情怀！

服务手机：1369×××××××

服务手机：

依我记忆，这该不是客家语，而是潮州话，但……没关系啦，希望你别介意……□□□□！请不要再把广告发到这邮箱来！

顺带一提，这答信专栏的宗旨是：诚信招徕、热情回骂、读者被糗正是我所追求。

理念是：传播毒舌文化，传递恶搞情怀。钦此。

导演：

能否帮忙贴个道歉启事？

对不起，老婆，我不该说战国 basara 的坏话，如你所说，《战国无双》才是垃圾游戏，人设不美型，剧情没基情，不够 BL，我心悦诚服地表示以后不玩《战国无双》，并且不玩任何 ×× 公司出版的游戏，只玩 Y 社出版的游戏。我不奢望你把工资卡还给我，但是你至少给我放一放饭吧，我想吃饭，老婆。我已经吃了三个礼拜的泡面了，小饭桶牌的我，找不到山下智久的联系方式（这括号内的请勿贴出，其实我觉得比起山下智久，还是彭浩翔更让人放心），所以就让彭浩翔来代我向你道歉，请你原谅我吧。

Zavert

Zavert:

人生很矛盾，到底彭浩翔是否比山下智久更让人放心？从优点看，彭浩翔会回复这信，山下智久不会。可是彭浩翔却会连你括号里说别贴出来的部分都贴出来，因为他讨厌其他女生不知道，在别人眼中，他要比山下智久还棒。

其实你俩都搞不懂，当然是《三国风云》更牛 B 吧，又可在上班的时候玩。

P.S. 报失工资卡，赶紧补领吧！

万能的吵架永不输的彭导：

刚刚，就在 5 分钟前，和一位朋友谈起感情问题，朋友说女孩子大概有两次遇到合适人生伴侣的机会，22、23 岁和 25、26 岁，交往两三年就该组建家庭了，再耽搁就是 28、29 岁了。我今年已经 29 了，听到这个数字，一方面心里觉得压力好大，另一方面也很不服气朋友的这个说法，想漂亮地还击回去，可是我嘴笨啊。您

说，我该怎么回答他这个观点才好呢？

惶恐地站立在婚姻死亡地带的苏西

苏西：

虽然没见过你朋友，但用数字去划分人生，一听就讨厌，就像我有朋友说，当到了 36 岁，出埠坐飞机还没能力买商务客位的，就该断定为人生没甚成就。这种以单一数字去评价的人，特别让人觉得浅薄（毕竟因我今年刚 36 岁嘛）。

关于你朋友提出的数字，其实不能纯以这个数字做判断，数字背后还牵连着许多其他数字，即使你已经 29 岁，但要是同时间配搭上你另外的属数，如 34C，那就跟配搭 32A 有点不一样了……拜托，连我自己都觉得庸俗哟。

还有，我吵架才不是永不会输，不信可问我妈，谁都吵不过她。

彭导：

我最近认识了一位不错的女生，但她已有男朋友，为了令你更有投入感，请容许我将问题变成一道处境题：

你（即是我啦）于上个月工作时无意间认识了一个很可爱的女生，但她言谈间数次不经意地提起男友，证明关系十分好，作为一名伪君子的你，起初是打算放弃的，但又觉得男未婚女未嫁，与她沟通一下也是无妨。

补充资料：

1. 你没有钱，样貌平平，口才一般。

2. 她对你没丁点好感。

3. 之后基本上不会再有合作机会了。

4. 你不怕失败，但真的没有太多时间犯错，当然，直截了当地问“受唔受沟”[1]的成功率非常低，所以计划是很重要喔。

5. 请不要给予“算 × 数”之类的答案，创作人伟大的地方就是将不可能变为可能嘛。

6. 可能你会担心即使将方法教给我也无用，因为我不够你英俊等等。但放心吧！张无忌也是看完秘籍后就很好揪了～

作答时间不限，当然愈快愈好。感激！

abl

abl:

很难投入你设定的处境，一来我不是伪君子，二来你下面说的补充资料，跟我条件都相距甚远。

直接去追求不代表就要当面问“受不受沟”，这不叫追求，是在街头向流莺问价的下三滥手法啦。反正将来也没什么机会合作，何不在工作上找个话题，直接约她吃饭聊天（一般聊天的口才和吃饭看电影的钱也该有吧）。如你说，男未婚女未嫁，她有男朋友这事就不用理会，当完全不知道好了。

你误解了创作人，创作人能把看似不可能的东西，找出它可能的机会。要是你真的不可能，到头来还是要“算 × 数”的。你有没有我的英俊，我不清楚，但哥吃的，不是靠脸的饭，而是一张嘴的口活本事（别想歪啦，用口讨生活哟）。

张无忌看完秘籍后功力大增，因为他是张无忌啊。你是武侠小说看得太多成病，有天得了病，面色变黄，你会以为

1　受唔受沟：粤语，愿不愿意被泡。

自己要成金毛狮王谢逊吗？

今年大一，特别不喜欢大学这种无所事事的生活，我想去当一个插画家。女朋友总说我“拧巴”，说我想的太多，说我其实跟别人没什么区别，都是自己瞎想的。但是我不那么认为，我要拼一把，趁我还能折腾，重新开始。如果就这样浑浑噩噩地混下去我觉得生命就浪费掉了。但是为什么就没有人能理解我呢？总觉得我很特殊？

鹤嘴钳

无上款的鹤嘴钳：

没人能理解你不奇怪，总觉得自己较特殊的人，许多时都是源于连自己都不大能理解自己。插画家作家艺术家音乐家，都不是靠嘴说说就可以当的。

下午

第五课／暧一世的昧

PWV4 我外婆杀死过一个女人

导演：

我是个比较诡异的内地女生，当然，这是其他人的客观观点，我从来都不大承认的。我经常讲故事，业余爱好，其实我是个Will-be狗屁律师，所以在我少得可怜的、可以讲故事的业余时间里，就写一个给你，因为你是个我满喜欢的家伙，不看也无所谓啦，反正我也不会掉块肉。

有天晚上我向我的外婆要一块钱，因为早上下过小雪之后变得很冷，我想吃弄堂口老是穿棉鞋的老头烤出来的烘山芋（不知道香港有没有这种土特产……反正就是……烤土豆），他从不会多要我的钱，因为他说他喜欢很漂亮的小姑娘。我只要一块钱，就能抱着一只沉重的红心山芋回来，焦糖厚厚的一层。所以外婆昏昏沉沉地挪了挪她跟山芋一样厚重的身体，掏出一块钱，但是她递钱给我的时候，掉下了眼泪。我一直认为老人是很奇怪的一件东西，所以我夺过那一块钱就奔了出去。老头在昏黄的灯光下面站着，他蓝色的棉鞋和棉衣看上去被充过了气一样。我奔过去在他的侧脸上甜蜜地亲了一口。

就在那天，我的外婆告诉我，她杀过一个女人。

她杀了一个抢走她丈夫的女人，把她埋在一个非常漂亮神秘的地方，后来她经常去那个地方纪念这个女人、同情这个女人、向这个女人倾诉、成为了这个女人的姐妹。她怀上我妈妈的时候，不顾冰冷坐在那里的一块石头上，棱角咯吱到了她的屁股，她也只不过扭动了一下。她说她好像是把这个女人掐死的，但是不到五分钟又说，是用刀子在背后捅了好几下弄死的。我觉得外婆老了，老得

都不记得自己到底是怎么杀掉另一个女人的了。但是我更关心她把那个女人埋在了哪里，但是外婆没有告诉我，反而倒是非常安静地睡着了。于是我不再理睬她，自顾自吃完了烘山芋，走进前面的天井，把山芋皮扔到了那里茂密的老藤底下。在我重新走回房间的那一刻，突然间似乎看见了土壤迅速地吸收了那块山芋皮，整棵树就长出鲜艳馥郁的花，像一个女人的长头发般悠悠地垂下来。

第二天，我又跑去买了一只烘山芋，这次却一分钱都没有花，在吃着这个山芋的时候，我终于把这个幻觉告诉了我的外婆，她只是沉默地咬咬她的嘴唇，又开始沉沉地睡觉了。

后来我听说，我的母亲从来不知道她的母亲杀过一个女人。我想，这大概就是区别所在，如果我告诉她，她的母亲杀死过一个这样的女人，那么她会同样地去杀死我爸的那个女人么？

最后，祝你嫖得爽——不管是我的故事，还是别人的故事。

will-be 狗屁律师

狗屁律师：

收到你的信好一段时间了，一直挣扎着，不是不想答，而是想着该如何回答。

在我看来，你不算诡异，唯一诡异的，是当大部分女生都千方百计，甚至不惜去养鬼仔，都为着令自己能少块肉，但你对自己是否掉块肉满不在乎，相信你对自己的体型也挺自信吧。

你说故事的技巧绝不业余，相反，你的文笔，比许多正在卖文为生的作家还要好。当然，按字计算，律师的稿费就理想很多啦。每次当我收到出版社的稿费支票，和律师行寄过来的法律咨询账单时，我都很后悔，切，干嘛当日自己没去念法律。

虽然你没说出确实年份，但看来，现在你既然已即将成为律师，跟那时候要问外婆拿一块钱去买烘山芋的时候，我想应该也超过十多年吧，再加上你外婆杀了那女人一事，大概是许多年前的事了，因此不管是真是假，这事已经过了刑事法律的追溯期限，我想，要是你连这个也不懂，就真的不只狗屁啦，直头是狗屎（相信不会吧，哈哈）。

其实每个家庭都总会有这些家族秘密。去年我家族拜祭曾祖母时，我的一个姑婆一面拜祭，一面老是说着我祖母的坏话，像在年宵摊位拉客般地用力叫骂，我发觉在场的长辈都没什么人去反驳或制止她，让她任意地骂。

直至她骂到我刚去世的大姑姐，说她的死是为我祖母赎罪，我就不得不开口制止，结果最后就演变成家族集体吵骂（要是当场有摄录机拍下来，用作肥皂电视剧编剧教材多好啊）。在吵闹中我才发现，原来我曾祖母并非如长辈们所说的自然病死，而是有天她在家人外出买餸[1]时上吊自杀的。那个姑婆还一直说，曾祖母就是因为跟我祖母吵架，才会萌生轻生念头（详情不说啦，不是因为家丑不想外传，而是要写太多字啦）。

真相到底是不是这样，问谁都不知道，因为连我祖母也去世多年了。

这种家庭阴暗事总是存在于角落里，不知什么时候，会像二次大战埋在地下的未爆炸弹一样，在某次大雨山泥倾泻中突然冒出来。创作人还比较好，只要处理得宜，这种心灵冲击就能转化成创作动能。那时为了这事，我在数星期内就写成了个剧本。

我想，你没必要告诉你母亲，因为看起来，她已经有自己的烦恼，你告诉她后，也不一定会影响到你爸和那女人的问题。就

1 买餸：粤语，买菜的意思。

像法国电影大师克劳德·夏布洛尔 (Claude Chabrol) 写《如何拍电影》(Comment Faire un Film) 一书的开场白一样:“每个人都自有一套‘拍’电影的方法，所以，接下来我要说的一切，可能不怎么有意义，因为这些都只对我一个人有效。”

正如你外婆杀女人那事，对你母亲来说，可能没什么参考价值，要是她真的考虑就更糟，旧年代法证落后，办案一般也较草率，但你看《犯罪现场调查》(CSI)、《识骨寻踪》(Bones) 就得知，现在什么滴眼泪都可验出个 DNA 来，要是现在去杀人，该不会像你外婆那样走运啦。其实即使你外婆现在再面对多一次，也未必会有这样的选择。不过，这些都是胡侃，谁知呢?

感谢你的信，因为你的信，让我在夜里想起许多关于我家族中的事。BTW，香港当然也有烘山芋，我们叫它烩蕃薯，那是我小时候放学时，祖母常买给我吃的东西。不过香港人比较市侩，虽然我小时候也算个小帅哥，但那卖烩蕃薯的家伙却从没因此而给我一点折扣呢。

PWV12 校友聚会

彭导：

不好意思打搅你，我实在觉得走投无路才写这封信给你。就在几个小时以前，我发现和我在一起五年，即将走入婚姻殿堂的他，竟然因为一次校友会，和以前的校友勾搭在一起，并且还约好上床的时间和理由。

这对于我是一个晴天霹雳！我二十一岁跟他在一起，全部美好的时光都给了他，他和我的父母家人早已熟悉，全家人都盼着我们早日结婚。我刚和他在一起的时候，他没有钱，一穷二白，很多时候都是我来资助他，直到他工作，情况才有些许好转，但积蓄仍然不够买一个栖身之所。

是我善良的父母资助我们付了五十万首付，才得以让我们有一个安定的家。但他却没有珍惜这一切，他照样对我很好，可是另一方面又在和其他的女人短信往来。原本我以为只是精神的暧昧，但现在证明我是个傻子。

我是爱他的，是舍不得的，我现在的心里一直有两个声音，一方面我说服自己，男人都是这样的，只要他和我在一起时，对我好就行了，我就不用强求其他，这样我的父母家人也会平和地过日子，不会因为我而伤神，另一方面，我完全无法忍受他的不忠，我想撕开他的胸口，质问他的心！他为什么要这样对我！

我现在不知道应该怎样做，当局者迷，请给予珍贵的指点！谢谢。

绝望急症

绝望急症：

亲爱的，过门都是客，没什么不好意思啦，来的就是为了打搅我嘛，加上你就像《豪斯医生》(House, M.D.) 里，那些被医护人员冲着急推进来的大型意外急症伤者。好啦，虽然我身处海外，但见你流血不止，就优先处理吧。

你父母资助你的那 50 万元，不是房产首付，而是你幸福生活的首付，因为在他们眼里，你和这男人一起，似乎是段幸福关系，但问题是，到底你要过自己感到幸福的幸福生活？还是父母看上去貌似的幸福？到底是勉强维持形式还是实际内容重要？大概我不够孝顺，父母伤神，不是我决定感情取向的考虑因素。

到底这关系中还有没有爱？得看你用啥角度。要是有个男生邀请你到他家 Candle Dinner，你期待的，会是世人普遍共识的那种烛光晚餐，有漂亮的花台布，餐巾用 Napkin Ring 套住，还有心形牛扒（这可能是有点过分啦，但香槟起码少不了吧）。最后你去一看，却只有个连寂寞都不是的方便面，还没吃完男生就把你扒光，然后跟你大搞 SM 滴蜡，让你痛得死去活来。严格来说，他没骗你呀，因为要 Dinner 有 Dinner，要 Candle 有 Candle 嘛，连太平绅士来巡仓也投诉不了他。但亲爱的，你真的还会认为这该算作 Candle Dinner 吗？

如果打算继续跟他在一起，你得查清他到底念过几所学校，因为一个人的成长，通常会有幼儿园、小学、初中、高中（还可能有补习班哟），后面还可能有预科、大学，甚至研究生班，所以他这样串门子一睡，随时可睡满三辆旅游大巴。□□□□□□□□□，□□□□《□□□□□□》□。(□□□，□□□□□□□□□！□□……□□□□□□□□：P)

你必须问自己，你不舍的，到底真的是他，还是你付出的那五年全部美好时光？或是那个付了首期的住所？没必要问他为啥如此，既然他连上床的时间和理由都约好了，就已经再清楚不过了吧？

其实许多在二〇〇七年买下中移动的股民都跟你一样，心里一直听到两个声音，一方面说服自己，再牛逼的股票都有升有跌，只要我继续和它在一起，不把它蚀卖就成，那我就不强求其他，和平地过日子，等它升回到二〇〇七年十月底那高位吧；但另一方面，他们又完全无法忍受它跌得如此过分，恨不得在每年股东股民会上，撕开台上那些高层的胸口，质问他们为什么要这样对待股民？妄想他放弃与校友联谊，转为对你从一而终，就有点像奢望于春节前，中国移动回升到过去的 160 元一样。

你才不是走投无路，只是你就像在树林中迷路的人，就是死命不肯承认过去自认为对，并持续了五年的路，原来是白走的冤枉路而已。

PWV53 好兄弟之女死女还在？

亲爱的彭导演：

你好。最近天气转凉，有否适当添衣呢？

关注你的新浪博客及《爱的地下教育》一段时间了，之前也给你发过一次邮件，我没有收到你的回复，实在是遗憾。

以下为上次信件内容：一个与我感情很好的表哥（由小玩到大那种），早两年去当了兵，后天就退伍回来了。本来这应该是一件高兴的事。而前段时间我开始了同一个女仔拍拖，与这个女仔已经认识了几年，拍拖前我已经知道我表哥以前就钟意这个女仔，而且现在好似还有感觉。但由于这个女仔很主动，当时我自己也没有拒绝，我是衰人。我现在不知如何是好，我怕我表哥知道了会难过（但我知道我表哥即使难过伤心也不会让我知道，他好关照我），我有想过要同个女仔分手，但我知道这样一定会伤害个女仔，而且我自己都有点钟意个女仔。不过如果分手是最好的选择的话，请教教我如何做才能尽量有技巧地降低伤害。

这次还是上次问题的延续，不过情况发生了很大的变化。在表哥回来的第三天，我“女友”（现在已分开，以下简称EX）突然跟我说，原来EX觉得自己把朋友与喜欢的感受搞混了，换言之，EX认为她对我的感觉其实不是喜欢，还特别强调与我表哥无关，让我不要乱想乱猜。可是转眼不够一个礼拜，我表哥就与EX拍拖了。后来才得知，原来EX以前就喜欢我表哥，两人却不知为何原因没有拍过拖。

我表哥回来的第二天，我就跟表哥坦白了我与EX在拍拖，一日之后，我与EX的分开，我也实时与表哥说了，当时表哥还跟我说，

“好兄弟，女死女还在，不要伤心。”甚至还主动跟我保证，他不会与EX拍拖。可现在呢？那边厢说完的一句“好兄弟”，这边厢就迅速拍拖，甚至还发信息问我可不可以祝福他俩。这真的，真的是一个“好兄弟”啊。

我就想问，这究竟是怎么了？为什么会有这样的事情发生？说实话，我真的很难过呢。彭导演能开解开解我么？谢谢了。

最后祝彭导演身体健康，事业顺利，家庭幸福。

落魄的小肥婆

亲爱的落魄小肥婆：

因为你的署名，先假设你是个女的。当然，后段你又提到你和你表哥之间以好兄弟相称，让我有点怀疑你可能不是个拉拉，但我又想到女生和男生也可称兄道弟，所以也不肯定，而更重要的是，这事跟性取向都没关系，而是两表兄弟／兄妹之间的情感角力。

首先，既然你早知表哥喜欢她在先，你还选择和她开始，就该有心理准备啊。是要互不相识，在利伯维尔场中公平竞争倒没啥不可，但说到底，你跟你表哥还是有点血缘关系，这个在中国人的伦理上就有点说不过了。

当然，你也可引用夕爷[1]来抗辩，恋爱大过天，这也无人能奈何，不过你自己主动在表哥退伍回来后负荆请罪，也坦白从实交代你和EX之间的犯案细节。你跟她分手，也并非因表哥作梗，而是你自行的决定，虽然你可怪你表哥言而无信，但这并不是你们分手前而作出的承诺。毕竟当过兵就通晓兵法，因此敌退我进乃平常事，兵不厌诈啊，恋爱大过天嘛。

---

1 夕爷：香港专业填词人林夕。

我认为你有点创伤是正常的，但伤害只不过是因为表哥没有控制住他跟 EX 之间的感情，到最后还是跟她搞上。既然是亲戚，又是感情要好的兄弟，你何不就像《纵横四海》中的周润发那样，来一个成人之美呢？（当然，也不用像影片结尾去替他们带孩子啦）即使短信祝福一下也不为过，但是要去到闹新房之类就有点太过。

□□□□□□□。

PWV21 给彭先生道歉

前言

早前收到朋友传来网站，有四川音乐学院同学把我短篇小说集《破事儿》内的一个短篇故事，改拍成其毕业作品。因为不时有同学要求把我的短篇小说改编，因此跟公司商量后，我在微博上提出，只要同学们签一张简单的授权书，我将以象征式的一元价钱，让他们去改编拍摄成非商业发行短片，这事引起了网友的讨论，同时也收到该名学生的道歉信，为免其他学生有类似的疑惑，因此决定把他的来信和我的回复也于博客公开，好让大家了解。

彭浩翔先生：

你好，我在听说了你观看过我“盗拍”你的《关于红白蓝的三部曲》之后，第一时间赶到现场。只想在这里对你道个歉，希望你能够原谅一个 Fans 的愚蠢举动。一开始还是希望能够得到你的批准，但是联想到你的身份便打了退堂鼓，这样的情况遇到过几次，每一次跟知名作家征求改编用来拍摄 DV 作业的时候，Email 往往发出去之后便石沉大海，况且这部作业能够让你看到的几率我也计算过，所以便在未经你允许之情况下，擅自将你的作品改编拍摄了作业，在此我愿意补上你提到的一块钱象征性作业拍摄版权，希望你能够抽空给我一个卡号（最好不要是坦桑尼亚国家银行的卡）。拍得不好让你见笑了。

在拍摄完这个短片之后，我还在我的 Blog 里面许愿，希望我的作品有一天能够被你看到，没想到这么突然，让我很兴奋也很激动，也算是对原本接二连三遭受打击嘲笑的我的一种鼓励，能够让

我的偶像以及精神导师看到我的短片是我的荣幸，谢谢你，真的很感谢这突如其来的礼物（我把这当做上天给我的礼物），谢谢你对年轻人的鼓励，而我也会坚持下去，直到有天让你看到我真正的作品。因为我也相信 I have a dream。

祝你天天开心（请代我问候一下我最喜欢的两位表演大师：谷德昭和詹瑞文）。

蝴蝶先生

蝴蝶先生：

高兴收到你的来信，因为先前没想到有机会跟你这“盗拍者”直接沟通。首先，感谢你喜欢我的创作，不论是电影或小说。

我之所以在新浪微博上把这事贴出来，不单因为我觉得版权被侵犯，更是希望让你明白，作为一个媒体创作的学生，你的身份已超越了一个单纯的粉丝。过去有些粉丝会把我的一些电影片段重拍放到网上，我会把这些行为视为一种仰慕和戏谑。虽然我不肯定四川音乐学院是正规大学或是专上学府，但既然你已是个选择念传媒系的学生，就代表你有打算日后要向媒体创作方面发展，因此那就不能只用粉丝的逻辑去思考。

我把你的行径公开，不是为了谴责你，而是对你的一种尊重，认为你将来有可能成为同行，所以该用同行跟同行的方式去思考沟通。也许你之前联络过一些作家，要求改编他们作品做毕业作的电邮都石沉大海，但这不代表能成为你放弃可以不征询直接使用的理由，也不能成为这事的辩护理由。目前中国普遍存在一个错误概念，就是反正提出来都不会被接受，于是就索性不提出。

还有，你根本不该去“计算”我看到这短片的概率。首先，这事情计算不了；另外，即使我没看到，也不代表你就能这样做，没被抓到的作弊不代表没作弊；还有，你正做着矛盾的事，一方面认定我看到的概率很低，另一方面又把作业放到接通全地球的互联网上（大概上天回应了你的许愿）。最重要的，是我认为你这样是没大志，做的创作，作品出来后就是希望让更多人去看，能广为传颂，不然为啥你念的学系要叫艺术传播系？要做导演，就要有将来当大腕的志向，心中该想着：“□□这个彭浩翔算个鸟东西，有天见到我,都要叫声我蝴蝶哥呢！”要有这样傲气才能努力做好创作。我清楚拍东西不容易哟，你做一个创作出来之前，就想着大概没几个人看到，那你干嘛要念这样的课？还有什么意思？

把你这个事情贴出来后，有网友反驳说根据中国法律，任何人对于课堂上的研究，都可以无偿地改编创作人已发表的作品，只要不涉及商业行为，就无须征得对方授权。这个说法当然可以说得过去，但是站在媒体创作学生角度而言，辛辛苦苦拍出一个作品，我不相信你会希望没机会放映吧？特别是电影学生，自然是希望能在电影节放映，让海外观众能够见到，继而有片商喜欢，投资让你拍你的首部电影，早点加入潜规则行列（这是说笑啦）。因此，你该尽可能为这个创作在将来能接触更多的观众做好准备。

我提出这一元授权的计划，让同学做毕业作品的事，不是为了贪图那一元，而是想让大家可以把作品更有规范性地传播，一方面保障你，另一方面也对我公平。这事情不能因为怕麻烦而不做，因为你念完书就要出来工作，当进入正式媒体后，就不能老维持如此山寨式的想法。

另外，虽然你欣赏我的电影，但即使是学生作品也不该直接使用《伊莎贝拉》中的音乐，故事我可授权给你，但音乐版权属于电影投资公司及音乐创作人，这就不是我可以控制的范围。反正你念的是音乐学院嘛，我认为去找个同学来帮忙做音乐该不会太难，何必要这样直接挪用呢？就像二〇〇八奥运举行时，我竟然在中央台的节目中，看到有个服装品牌直接就盗用了《伊莎贝拉》的音乐，还不停在奥运期间播放（连音乐演奏也直接用上电影原声大碟呢）。在音乐版权上，好像比文字更没受到重视。

在中国的创作风气下，没有道德不道德，只有会不会被起诉。君不见某些华语大片什么“大导演”，都面不红气不喘地在电影配乐中，只每隔几个音节改一两个音符，就大段大段地挪用汉斯·季默(Hans Zimmer)的音乐。只要能逃过法网，就什么都够胆干出来，还好意思说大作都要直奔奥斯卡呢（可能计划竞逐最佳改编音乐）。

我助理会联络你，进一步跟进如何去签份简单的授权书。希望有天可在工作场合跟你碰面吧。

顺带一提，既然花力气说了这么多，还是决定把这信贴到我的博客，免得下次再遇类似事情又得向同学说教。没有征你同意，就算是对你“盗用”我小说的小小惩罚吧。呵呵。

PWV29 扭捏造作小姐的可爱与忧愁

亲爱的彭大人：

请允许我用第三人称，试图冷静理智地讲一则爱上好朋友，又要强装好兄弟的冤屈故事。

从前有个扭捏造作小姐，爱上和她情如兄弟的好朋友飘忽先生。他们是大学同班同学。一开始他们偶尔地发现他们都喜爱陈绮贞，都爱郭伟亮，都狂热台湾文艺，于是扭捏造作小姐就不可救药地犯了彭大人你说的相逢恨晚症候群[1]，暗地里对飘忽先生动了一丝情愫。班里面都在议论纷纷，说他们也许就要成了，Which，无疑又给扭捏小姐更大的心理暗示。然而，一声晴天霹雳，飘忽先生和别家学校的滨崎步好了，扭捏造作小姐轰然受打击，一气之下就去找了个方大同。在此期间，扭捏小姐也渐渐投入了与大同的爱恋，并且觉得自己对飘忽先生的涟漪也慢慢平静下来了，于是就尝试着与飘忽先生做无话不聊很好很好的异性朋友。甚至好到有一天晚上，扭捏小姐还告诉了飘忽先生，自己曾经对他的感情，并且半开玩笑地责怪他当时的无动于衷，飘忽先生不知是诈傻扮懵还是言之所实地讲自己很惊讶，并从未发觉到扭小姐的这份情谊。一切似乎都很好，他们成了很好的朋友。

然而，半年后，飘忽先生和扭捏小姐因为各种原因都各自与滨崎步和方大同分手了。回复单身后的两人，依然是很好的朋友。但是，渐渐地，扭捏小姐又开始扭捏起来了，她发现其实她对飘忽先生的感情还是很特别的，和他一起，总是让她很开心。问题是，飘忽先

---

1 请参考 PWV6。

生已经当她是好朋友，而扭捏小姐也是死要面子，一副懒好兄弟的男人婆架势。她已习惯在他面前这样大大咧咧，口无遮拦，有时想要试图展露女性柔情魅力，也死活没有法子。而更让她很害怕的是，如果让他看穿她的这份感情，也许从此他就会躲她躲得远远的了。

于是她只能痛苦地在他面前，继续充当神经大条的男人婆，暗地里却是个会因为他广受其他女生欢迎而大动醋坛的神经质小女人。而他也还真"哥们"，有时也会和她讨论某某某女生很索很漂亮，更让她觉得冤屈不可诉。

扭捏小姐真的很扭捏，扭捏到讲自己的故事也要用第三人称切入。她其实是个极其脆弱敏感小气眼浅的典型女人，可是不知为何，在别人面前偏要装得强悍无敌，不拘小节。这段暗恋实在是太委屈与太委曲了，甚至她都觉得不如不要和飘忽先生做朋友算了。这样对自己比较安全。但是一年了，她愈发觉得自己的感情好像是真感情啊。我知彭大人你每天都有很多很多来信，我无出众文采和精彩情节，唯独是情感无比真挚，大人你能不能把我从水深火热中拉一把啊？

你的扭捏小姐

亲爱的扭捏造作小姐：

为配合扭捏造作小姐的扭捏，因此彭大人亦选择以第三人称的方式去回信。

彭大人看过扭捏造作小姐的信后，得出一个结论，很明显，在扭捏造作小姐身边的飘忽先生，根本没打算跟扭捏造作小姐发展。

既然一开始班上就已对二人的关系议论纷纷，难道飘忽先生没听过没发现？他跟滨崎步搭上，就已经是最明显不过的表示。好了，到扭捏造作小姐告诉他，曾对他有感觉，他的惊讶表现不是诈傻扮懵，而是希望给大家一个台阶下而已。

其实他的表现都很清楚，在讨论某个女生很索很漂亮时，就是要告诉扭捏造作小姐，他没把她看成是女生呀，这就像在酒吧喝东西，便急就拉哥们一起小便，然后站在尿兜前说刚才某个女生一样。

来信没说明滨崎步的外型是否真的长得像滨崎步，但彭大人相信，扭捏造作小姐给滨崎步起个这样绰号，就明显表示她是个比较女性化的果。扭捏造作小姐没必要刻意改变自己，去营造女性柔情的魅力，因为这样装起来，通常是自己辛苦，同时人家也难受。

彭大人认为，既然大家都是哥们，你就直接去……噢，对不起，我意思是指扭捏造作小姐，该直接跟飘忽先生表白，因为连扭捏造作小姐自己都已做好打算，要不就跟飘忽先生不再做朋友。还是老问题，到底扭捏造作小姐还有什么好损失呢？都已置诸死地了。反正是哥们嘛，就直接说吧，被当面拒绝也好，不用憋在心里憋得久，闷出病来。

没人能把你从水深火热中拉出来，因为是你要一头栽进去。但我认为不用担心，就正式给他坦白吧。更甚的，可以在他面前用第三人称的方法，像说着别人的事情一样，像中学时替人家传话递字条的女同学一样，这跟你自身无关，只是扭捏造作小姐与飘忽先生之间的瓜葛，你递个字条，说完，成不成，都与你没关系。这样可能会让你勇气大一点吧。

要是真的没成，他要躲，也没关系，总好过你看着辛苦，自己又老扭扭捏捏来得苦闷。

祝你……对不起，是祝扭捏造作小姐，能如她无比真挚的感情一样，带着无比勇气去表白。

你的彭大人

PWV39 冬夜辗转反侧长叹的处女

彭彭彭……：

展信佳。容我直接问一下，你觉得处女是件很丢脸很落伍的事情吗？

我今年二十二，是处女。基本经历如下：高中期间谈过两个短暂的男友，什么也没发生，唯一一次有可能的是和一个从小长大的异性朋友，关系自认还不错，他女友大他很多，他苦恼自己是处男怕女友笑他，于是我觉得我俩既然关系好，而且我也不那么在乎处不处女，不如我帮他破处，可因为太熟悉连爱抚都会笑场，就再没进行下去。

大学跟一男生谈了三年恋爱，仍发展至爱抚阶段，试探他他婉拒说他没有经济能力对我负责任。自问我俩还是有感情的，可朋友说是因为我不性感导致（长叹一声）。对于性的态度我本认为顺其自然，遇到合适的自会发生，至于婚前婚后都还好。可我一直有个解不开的心结是，我这人特别爱自己，我总觉得若爱另一个人爱得不够而发生关系，而且还是第一次，会失去自我，感觉像是被别人主宰掌控，我害怕这种感觉，不想看到别人事后的洋洋自得（虽然一切都是假定），这是处女情结不？

本是私人问题，我也无意与他人分享，之所以想到问你，还是因为我很是喜欢你这样的……（不知用"男生"还是其他词），具体特质：聪明搞怪好玩有所坚持有自己的独立思考能力，有点胖胖的哈（如果你不介意的话）。我在想，如果我终于遇到你这样的男娃（我们这儿方言这么叫，谅解咯，我感觉明显顺嘴多了哈），我是处女，你会笑话我，觉得我有问题吗……处女是个怪现象吗？

不知你怎么看。

嗯，基本就是这样了！希望能得到你的回复！还是再啰嗦句你可能听过无数遍的话，喜欢你的电影！真有你的！天马行空的！还有，够爷们儿！哈（在此省略很多形容词）。

谢谢。

祝一切顺利

T
于大冬天里一个辗转反侧的晚上

于大冬夜里辗转反侧的 T：

你的来信让我想起一个遥远的故事，那是遥远得单是闭上眼想一下这故事发生的地点，就可以拿到大额飞行里数的那种。

故事发生在一九〇二年美国明尼苏达州的双港 (Two Harbors)，有五位企业家筹组了一家企业，叫明尼苏达采矿制造公司 (Minnesota Mining and Manufacturing Company)。这公司听起来好像跟你风马牛不相及，但它的商标，你也许会有点印象，那就是以公司英文简称组成的 3M。

这公司到底是怎样由采矿制造，发展成出品办公室 OL 传八卦少不了的恩物黄色便条纸呢？那是源于当年几位老板希望在明尼苏达州开采金刚砂，这种矿物的硬度略低于钻石，对辗轮制造商来说，会是种很有价值的研磨剂。但其后他们发现当地的金刚砂质量低劣到根本无用，于是这家新成立的公司就决定转为制造砂纸，并成立实验室，进行各种实验和测试，务求不断制造新产品和改良旧产品，以响应所有砂纸使用者的各项问题。

当中一位叫史宾塞 · 斯尔佛 (Spencer Silver) 的研究员，在研制强力黏剂的过程中，发现了一种弱性黏剂，由于黏性不强，对制造砂纸并没实际用途，于是公司就把这个制作公式归档储存下来。

公司里另一位化学工程师亚特·富莱（Art Fry），他每逢星期日都会到教会唱圣诗，富莱习惯用碎纸片夹在圣诗页间作记号，以便迅速翻到要找的某一页。在当时，这样用碎纸片夹在书中作记号的习惯很普遍。但问题是，这些碎纸片偶尔会掉出来，跟着就不能找回原来标示的页数，因此容易引起混乱。

当史宾塞几年后有次把这研究展示给其他同事看时，富莱突然想到，这种黏剂能够制成既不伤害书本，又有黏贴作用的一种暂时永久性书签便条纸。他说服了3M生产这种便条纸，虽然一开始公司并不乐观，认为根本没有这种市场需求，可是当产品样本到了试用客户手中时，大家便爱不释手，办公室人员马上发展出各种用途（传八卦小道消息当然是其中一种嘛），成为了生活中不可或缺的部分。而3M更由一间普通制造砂纸及工业产品的采矿公司，转化为生产文具产品的巨擘。

你看到此，可能心中都在暗骂，人家问你处女问题，你靠巴啦巴啦说个3M便条纸有啥屁用呀？提起这事情是想说，其实世界上许多事情皆一体两面，有人在埋怨着新婚妻子不是处女之同时，可又有人急着要抛掉处女这身份。

二十二岁是处女，我认为可没达到不能接受的程度，还不用急着找朋友来出手（或出其他）帮忙。感情不是在超市买东西，没有一个标准赏味期限，自有其适当献出初夜的时刻，到那时候你俩自然会知。要是有犹疑，就先别急着去做，我相信人都具有动物本能，要是直觉认为那人不适合，就没必要勉强自己；同样，要是认为适合，我会鼓励你放胆去开发那片处女地。

真正喜欢你的人，即使和你睡了，也不会洋洋自得四处宣扬，要是你觉得他会洋洋自得，那就表示你根本不应该给他。

先别把你破处这事看成是你跟每个异性相处时的大前提，别像宴会厨房部长急着要把菜上碟捧出去宴客。拜托，初夜不是感情头盘，即使不算餐后甜品，也该是后面的一道主菜哟。

有些东西不一定要急着讨论当下用途，学习 3M 公司的远见，先把它摆在一旁存档，等将来再看看怎样吧。当然，我可不是鼓励你像 3M 一样，将来把它拿来做生意卖啊。

先别急，要是过了三十仍是处女的话，你才再来信求助吧。

彭彭彭……

PWV33 总在路上打给我的中邪男

致伟大的彭帅：

你好，我今年本命年。

中了邪似的，错爱一个男人。他天秤座，上升双子。而我是天蝎，上升水瓶。他对我的态度总是若即若离，时常来电话问候的时候，不是中午十二点就是半夜两、三点；对于他来说，十二点是他醒来的时间，而两、三点是他入睡前。我也不知道看上他啥鸟，接触这几个月以来我对他一直很倾心，要知道之前我接触的男生没有像他这样足够吸引我的，心里总是时不时想着他，等他短信或者电话。不过他貌似很忙，空余电话我时，不是在从 ××× 去 ×× 的路上，就是从 ×× 去 ××× 的路上鸟。哎，从来未知自己这样受他影响之大。虽然目前已下定决心离开并重新开始段美好感情（人不是都说要结束痛苦感情就开始一段美好的恋情咩？），但心中仍感无限惆怅。

现在看看也差不多适婚年龄了，还单身，心中觉得输在了起跑线……感觉自己嫁不出去鸟……

不过话说回来，身边也不乏追求者。但大都是些对我不足够了解的人（这种了解很宽泛，类似于星盘这种虽布局全面但仍旧模糊不清的隐动力），而且感觉现在的男人都很匆忙，没有谁愿意真正了解你，路人甲乙丙丁如此之多，但仅仅是擦身而过。明天十一号是我的生日，EX 说愿意陪我在校园里散步。EX 比起这个错爱的男人来说，就好像是个温顺老实男，我同他四年感情，却不知道为了啥就这样分手鸟；他曾经说要出国几年深造，说心里话我挺不愿意去等候的，相信也没多少女人愿意死心塌地在国内做这样一只小白兔吧（好像这么说过分了点），于是他就把几年的出国计划缩减

在一年之内实施，哎，他为我牺牲不少。可为啥还会分手，难道缺乏激情？难道我也很贱？不懂。

其实我本身表面很喜感，像开心果一样，但其实内心很有占有欲，凭直觉认定事物的（所以感情上总走弯路）；而且还有点很奇怪，我喜欢对方的出发点很不同，有时只是因为对方的生日很奇特，所以觉得很想和他接近；而且对我愈好的人，我就愈是肆无忌惮。然后一大堆恶习，比如蹲在沙发上打字、没洗的袜子乱扔、不爱洗碗、喜欢听好话、身材高且平、声音过于嗲但行为和性格有点男孩气等等……

你说那么复杂的一个生物，当一个正常男人发现真相时会爱它吗？虽然我也知道你会说会。因为我也明白当女人问这些问题时，心中必然会有个答案，不过需要旁人助力一把，幻想才能付诸行动。只不过在我心里总是觉得它很迷茫……它也就希望有一个奇怪正派的人可以接受它……哎～

一头很歪很歪的女小歪

亲爱的很歪很歪女小歪：

先要有心理准备，天蝎的爱情路，从来不好走，哪管对方是天秤、双子、处女还是巨蟹。

你说你本命年，又在校园散步，相信大概才二十四吧，想拍拖在所难免，但适婚该谈不上。既然知道爱错中邪，就无谓勉强自己去当这男的早餐和宵夜，要是只想在每次 ××× 往 ×× 的路上才想沟通谈话，那直接跟出租车司机谈好鸟。一个男人要是真的爱你，就什么时候都愿意找你。

晚上一面读你的信一面看电视，见到宣传易的移民顾问公司广告，当中说代办冈比亚（Gambia）居留，冈比亚你知道在哪吗？靠！

我不知道原来有这么多香港人想移民到冈比亚，我连冈比亚在地图哪里也指不出来……说这事干啥？我只想说，正如那移民顾问公司广告开场的宣传语一样——世界很大。

别把选择限得太死，世上男生这么多，为何偏爱这一个（无意中押了韵，好 K 歌哟）？除了中邪男外，也不见得就一定要找那散步 EX。我相信在你身边的追求者，数目大概不会少于你手机收到的宣传短信吧（……其实这也很难说），干吗把原来的开放题目，硬要收窄为二选一的选择题呢？

请放心，我认识的女生中，许多也爱蹲在沙发上打字、不爱洗碗，也乱扔没洗的袜子，有些还会爱闻自己脚趾呢。你列举的恶习就如你的名字一样，是有点小歪，但不是很歪很歪哟。

大部分时候，我们和爱侣初认识时与其后真正相处都有点距离的（除非你是那种首次约会就肆无忌惮地在对方面前放屁的人，这要很有自信才能做到哦），可是这个所谓发现真相的距离，不见得一定是以分手告终，有时候这个发现，可能是热恋中的滋润呢（至于放屁能否算进此范畴，就很难说得准）。

虽然奇怪跟正派两者有点冲突，但还是衷心祈望你能找到一个属于自己的奇怪正派。

BTW，蝙蝠侠与蜘蛛侠二人对比其他大部分美国漫画的正派英雄，其实都有点奇怪啦。但话说回来，要选奇怪正派拍拖的话，在两者之间，我会选蝙蝠侠，起码他有经济基础，有车有房有管家，不像蜘蛛侠那样，拯救完世界还要赶着上班，多累人啊。慢着……OMG！难道我潜意识下也是那种想坐在宝马里哭的人吗？哇！我老在想要是自己上《非诚勿扰》的话，心动女孩都要选谢佳啦，要不是回信给你，也不知自己原来是肤浅得这么有内涵哟。

彭帅

PWV51 进一步还是保持原样

彭导：

今天好像是你收信最后一天了，不知此时你有无关闭邮箱。

R 小姐大概纯想倾诉而已，但她没有选树洞选彭导，大概也抱有微渺的得到响应的希望。

R 小姐在随大流齐奋斗奔大学的时候遇上 Z 生，相谈甚欢，二人隐隐有怀共同理想惺惺相惜之感。

R 小姐某次被告知 Z 生对她甚为有意。

R 小姐却没有听见 Z 生讲过要她做他女朋友。

R 小姐在战斗结束和 Z 生分属两地高校。

R 小姐其实几乎没有和 Z 生当面详谈过，拜现代高科技通信方式所赐，他们几乎是互联网与短信交流，在现实生活连视线都甚少触碰。

R 小姐稍微有点社交恐惧症，朋友不多，好在交得深，和 Z 生似乎是谈得最多，大部分原因是 Z 生主动来的短信多。

R 小姐其实和男生们都很说得来，因为可能表现得比较大条。

R 小姐在上大学后某次事假去到了 Z 生的城市，Z 生终于开口追求。

R 小姐不是不喜欢 Z 生，可她没有答应。

R 小姐很绷得住与 Z 生继续保持无话不谈状态。

R 小姐在忙碌生活了几个月后的某天，发现 Z 生已有一个月未与其联系。

R 小姐的闺蜜旁敲侧击辗转打探告诉 R 小姐，Z 生准备弃城出逃。

R 小姐上次没有答应 Z 生，因为二人分属异地。

R 小姐其实有隐隐的电话恐惧症，对着冷冰冰的机器，这个人讲不出什么好话。

R 小姐觉得这样在一起，无非也是网聊和传短信，其实和之前并无分别。

R 小姐在得知 Z 生准备放弃之后，也默默决定不再耽误这枚大好青年，如果 Z 生不再联系她，她也无谓去招惹他。

R 小姐在做出这个决定第二天，收到久违的 Z 生的短信。

R 小姐失笑，这人也太灵了吧。

R 小姐其实没有这么纠结。

R 小姐觉得自己在失去 Z 生联系的这段时间里（其实是她自己疏于联系人家），也有挂记 Z 生。

R 小姐也不是那么在乎大家在完全不稳定的时候，恋爱是不是没有出路未来，是不是会伤心，是不是会……

R 小姐只是之前在这段故事的施比受里习惯性地接受，于是她开始不太分得清自己究竟是中意 Z 生，还是出于女性的虚荣，对一个爱慕者的依赖。你知，因为她总觉得不论她说什么，他总不至于太厌恶的。

R 小姐想起 Z 生总说她怪，但又并非厌恶语气，好像无数狗血台词说的“喜欢你的特别”一样。

R 小姐其实是不知 Z 生是理解了她的怪，还是完全来自好奇与新鲜。

R 小姐其实也时常感觉不出 Z 生对她而言的特殊存在之处，只是谈得来更多？

R 小姐在早恋范畴内其实谈过一次四不像的两星期短暂恋爱，但是她仍然不知一个人对另一个人究竟会有什么特殊。还是，浪漫

已死，或者浪漫从未存活，生活中其实并无此特殊存在？大家其实都在聊表慰藉？

R 小姐虽然常常故作淡定状，但她其实非常狗血地想问出“喜欢和爱有何分别？”这种问题，或者，单纯地说喜欢究竟是什么。

R 小姐从不避讳和人讨论性与死之类的问题，但其实她是个空中花园，她丝毫没有在这个小问题上打好基础。

R 小姐现在最现实的问题是，与 Z 生究竟是进一步还是保持原样，还是进一步和保持原样其实并无分别？

R 小姐

亲爱的 R 小姐：

读着你的信，不知为何总是想起过去看过我母亲她写的那封求职信，我一直想不起到底有啥地方相似，后来我终于想通了，你和她相似的地方，就是喜欢每一段都以自己当主词作开头。

在我母亲那篇履历介绍信中的每一段,都是以“我”字为开始。而读着你信，不禁有个疑问，就是到底你 R 完没有？你每段 R 来 R 去，明显表示你太自我中心，Z 先生明明已经向你表白，可是你却没啥大原因就拒绝他。

爱情不一定是种实质感觉，例如实际接触、亲吻或上床，而是一种愿意为对方付出思念和牺牲。你拒绝他的理由，就仿佛要推翻否定所有异地恋，也是对网络和视频恋爱之热衷者的一个否定。

当然，我不是说异地恋就得一定要天天玩网络性爱，同样我不认为两个异地恋人在一起，除多了传短信和互联网外，就什么也没有。我们生来世上，除了血缘关系外，大家本是陌生人，在来到世上后彼此建立了一定的关系，有时是蜻蜓点水的君子之交，有时是比亲情还要浓的铁哥友谊，同样爱情也是一样。这种建立下来的关系往往会影响我们人生的决定，我见过许多不愿意移民或离开某地的人，为的就是不想离开原居地的大伙朋友。

人与人之间的关系，要是你严格地用放大镜去看，会发现内里确实没有什么，但却又是种让人靠在一起之黏贴剂。我认为只要爱够深，即使分隔两地，最后仍有机会走在一起。

你的怪，大概就是没爱情的时候，总是充满憧憬渴望，但当爱来到门口敲门时，你又裹足不前，老是想些奇怪理由去推搪，而不大方应门，例如屁股还是不要从沙发起来会暖一点。

与其老坐着装波希米亚人去思考喜欢和爱的分别，或谈论性与死亡之类的装逼大侃，倒不如踏踏实实去实践。□□□□□□，□□□□□□□□□，□□□□□□□□□□□，□□□□□□□□，□□□□□□□□，□□□□□□□□□。

在这事情上，Z 先生已过河，R 小姐你还不起步？还要继续保持原样蹲多久？

PWV43　分手

你好，彭生：

是的，这就是我和他的现状，我们一边在谈分手，一边还会亲热。说说我们俩的事情吧，希望彭生你从男人的角度给我些建议。

我们是同一个公司的，部门不一样，不过我们公司人不是很多，而且大家都是年轻人，所以在我上班没多久我们就认识了。我们在一起的时间差不多两年了。关于我们俩得从我刚到公司说起。刚到公司的时候，可能因为我是新鲜人，大家都比较照顾我，渐渐地就有两三个公司的男同事对我比较有好感，有一个还直接付诸行动。不过那时我有男朋友，而且也不喜欢他，所以就拒绝了。可是有一天，我和一帮同事吃晚饭，突然接到了一个短信，说是邀请我第二天去郊外玩，这个人就是他，现在在谈分手的这个男朋友，就叫他 B 吧。我没想太多，就答应了，当时只是想说出去玩嘛。可我一个同事就说他是想追我，我当时还笑，觉得他想多了。不过后来证实了，他确实是想追求我。不知道为什么，那时和他在一起特别舒服，可能这就是感觉。因为那段时间总是和他在一起玩，连真正的男朋友都很少理。而且，没多久我和 B 就接吻了，也就一两个星期之间，时间太久，不记得了。到现在我都说不上来那时候是怎么想的，一边要应付男朋友，一边还贪图和 B 在一起的快乐。也许我不是个好女孩吧。没多久，我就和男朋友提出分手了。哦，对了，男朋友在国外念书，所以他对于我提分手也是无可奈何地答应了。就这样，我和 B 走到了一起。

在一起之后，不到一个月我们就发生关系了。我真的不知道那时自己是怎么想的，就好像受了蛊惑一般。但是，这件事我到现在

都不后悔。因为当时，我没有一点犹豫，也没觉得这是多十恶不赦的事情，就是很顺其自然，两个人都想了，感情也到了，水到渠成。我不知道这样形容对不对，也许只是一时激情。可这种激情我和其他男人，包括我前男友都没有过。

好，接下来就是我们的交往。交往的时间愈长，我就愈爱他，觉得他什么都好。可是他却愈来愈忙，是真的很忙，因为在同一个公司，所以我知道他忙的程度。我们真正能在一起的时间愈来愈少，而且自从我们真正交往之后，就很少在公开场合约会，每次都是中午下班了，我们回到我家，一起吃午饭，然后分享彼此的时间，之后各自上班，在公司也装得不是很熟悉，大部分约会内容都是如此，也有其他的约会内容，不过比较少。□□□□□□□、□□、□□……□□，他愈忙，愈没空理我，我就愈想去烦他，我承认，有时候我是真的挺黏人的，这点很不好，他也很烦。可是我有时就是控制不住自己，总是给他打电话，发短信啊。不回我就一遍一遍地发，很烦人，是吧？！哎～～～，也许就是这样，他渐渐不爱我了。

这中间的过程我就不多说了，总之是很伤人。伤人伤己。

说说我们现在吧，现在我们谈到了分手。可能两个人都累了，分手我提过，他也提过。这次是他提的，很坚决。可是我很舍不得。而且他现在又喜欢上了别的女孩，不过他说我们分手和这个女孩没有关系，他也不会和这个女孩走到一起，现在只是好朋友而已。我也没把我们的事情和这个女孩联系到一起，因为我知道这是我和他之间的事情，和任何人都没关系。可是，我今天看到了他写的日记，言谈中表达的就是很喜欢那个女孩的意思，好像现在他的快乐只有那个女孩可以给，而那个女孩给他的回复也说明他们在暧昧着。不过这只是小小地让我伤心了一下，我知道最主要的还是要解决我和他之间的问题。

现在我们说分手，说是暂时分开几个月，大家都冷静冷静。刚开始确实很难过，不过过了几天觉得好很多，离开他也不是不可以。可是前两天，他又给了我希望。我们在电话里谈过很多次，他有时候说得很坚决，就是要分开了，有时候又说还是冷静一下，也许过段时间我们就好了，大家就都能重新来过了。我真的不知道他要干吗了！他不爱我了，这是肯定的，我知道，我也不傻。而就在昨天、前天，我们又□□□！我知道自己是在犯贱，也不是只有他一个男人，还有其他很好的男人在等我。也许是我太固执了。今天，我又在他忙疯的时候，不合时宜地给他打电话，聊这件事。他说，我们不可能在一起了，至少现在是不可能了，也许过一段时间你问我，还可以在一起吧。他到底想干嘛，一边很坚决，一边处处留余地。想拿我当备胎？！他说过的很多话，我都不知道该不该信。

彭生，道理我都懂，我应该坚决离开这个男人，不让他再伤害我了。我知道，我明白，我都懂，可是，我不想。我想要的幸福、快乐都在这个人那里。我可以和朋友很开心地笑、很尽情地玩，可是，我脑子里满满的依然是他。我不想走出来，不想和他没关系。彭生，你能否从你男人的角度给我些意见，怎么样能和他重新来过。

写得很乱，像流水账，也不知道彭生能不能看明白。也许有的地方很主观。不过，还是希望彭生帮帮我。

去北海道钓鱼

亲爱的去北海道钓鱼：

如你所说，你的文笔思绪确实有点凌乱，恍如流水账，甚至你说到你跟他又重新开始，我都不知道你说在前天还是昨天呢？又或者前天和昨天都有？我不知道。

其实我觉得有关你这段纠缠的爱，都可以用一个很简单的，或是说更男人的角度去思考，如何简单？换个词汇就可以了，就像计算机按个指令繁转简那样简单。

做电影这一行压力很大，因此每个人的减压方式都不同。我认识一位导演叫尔冬升，他的减压方法是去潜水；演员杜汶泽则喜欢到街市买条鲩鱼，然后回家用心烹煮；奖门人曾志伟的减压方法是打高尔夫。而你这位 B 很明显也是个大忙人，而他的减压方法很简单，和不少男性一样，就是与女孩亲热。

请原谅我用这种直白方式去看待你那段感情，但既然你想求一个男性角度，我就得以最坦白的方式告诉你事实。

在他那忙碌的生命里，明显容不下你，也容不下你所认知和追求的那种爱。因为你的爱情中，包含了要跟你到郊外或公众场合约会。但对 B 来说，约会只有一个终极目标，那就是为了减压，要减压就得亲热。而跟你到郊外的初次约会，其实不过是铺陈这个射精活动的一段前戏罢。

对你来说，被射精并不是你对爱情的最主要追求之目的与归宿，因此你们开始产生分歧，你希望得到关怀，但这却不是他希望或能够提供的东西。

事情再清楚不过啦，你说你了解他忙，但他再忙，也有闲暇跟别的女生暧昧一番，那干吗他不把时间留给你？这是连脑残族都能回答的问题啊。当然，你也不用羡慕这暧昧女生，因为这种缠绵暧昧，也可能是他为达至下个目标的例行手续而已。

那么，他为啥还愿意继续跟你发生关系？因为多一个地方亲热，就意味多一处可供减压，铁打的营，流水的兵，服务至上，来者不拒，何乐而不为？再忙也找到两处减压，在男性同侪眼中，这个 B 真是牛 B。

“我们不可能在一起了，至少现在是不可能了，也许过一段时间你问我，还可以再在一起吧。”

这段说话是什么意思？你都没看懂。你尝试于午夜十二时，在客厅中点上一根蜡烛，然后把这本书举起，放到你眼前三尺的距离，然后把左右眼珠向眉心靠拢聚焦，就像看那些3D立体画般凝视这段说话，就能看出他背后的潜台词：

“我们现在不可能一起了，因为我已经找到别个地方去减压，至少现在是不可能了，毕竟是男人嘛，一滴精十滴血，□□□□□□□。也许过一段时间你问我，正好我在外面厌倦了，□□□，□□□，还可以在一起吧。”

告诉你大白话吧，在这个人身上是无法找到幸福和快乐，即使你继续一边跟他谈分手，一边跟他上多少次床。与一个不爱你的人在一起，不会让你感到更快乐和幸福，因为他真的没时间在床上以外的地方，满足你其他需要。

原谅我在这封回信中，老是用很粗鄙的词汇去讨论你这段纠结“苦恋”，但其实这段让你思绪不清，缠绕心灵的朦胧痛爱，说到底也不过是那两个字，因此换个词汇套上去，意思完全一样，但事情就顿时变得清晰不过了，还有什么好不舍呢？

赶紧出外跟朋友很开心地笑、很尽情地玩吧。去北海道钓鱼也是个不错的选择，要是在旅途中，碰上不错的男生，有可能发展的话，不妨直接问他：“唏，要是跟你在一起，除了亲热外，你到底还有啥会让我感到幸福和快乐吗？”

小休：短打4

导演：

是不是分手就再也不可能和好？

zgc

zgc:

明显，你是甩人家的那个吧？

彭导：

你信佛么？

对于时间和空间，若思考过，有什么见解？

yanghao

yanghao:

并非善信，却偶读佛经。

一般而言，月尾交租时欲忘记时间，计划买楼时却注重空间。

亲爱的彭导：

我生在80年！成长在那个时代变化最大的时候，很多东西都是从无到有（比如街机，计算机游戏……）！日本的漫画对我影响已经让我有点无语了。不知道从什么时候开始，我对现实中的女人的要求向着那个方向靠拢了(特完美的那种)。但是,似乎已经让我无法在现实中找到！让我成为了一个沉醉在书中找到属于我的快乐。现在我30了，我家亲人已经对我下了最后的通牒了。有什么办法让我重新回到现实中来吗？

张军

张军：

我认为喜欢日本漫画或计算机游戏等，并不会妨碍你找到现实感情，重点是别以 H 漫画女主角作为想象目标则可。

幻想归幻想，现实还得放下身段啦。与其勉强把自己从宅男中抽身，不如尝试从宅女中埋手，于网吧中找寻合适对象吧，这样一起看日本漫画，一起打游戏机和上网也是甜蜜。为对方修理 Wii 手掣，也未尝不算是个画眉之乐。

彭大帅哥：

我的爱情故事让我很头痛。我没有了解决问题的方向，所以要来被地下教育一番。

我是内地的大专生。十个月前，我恋爱了。而现在我们分手了。

分手的原因，是她高中时暗恋的那个男生向她告白。她觉得那个是爱情而和我之间的叫做亲情。可是我就老是觉得她对那个男生的感情就好像她对洋娃娃的喜爱一样，只是一个童年未得到的梦想，一旦得到也不会真的喜爱如没得到之前。

所以我一直抱有一丝幻想，有一天她会回来。

还有我们之间有亲密的行为啊，我们怎么会是亲情呢？

我就不明白到底什么是爱情啊？伟大彭帅哥你给我一个解答吧。

可怜的草鱼

可怜的草鱼：

她说的“亲情”，可能算是“有过亲密行为，但不能继续发展下去的感情”之简称。别把发生过关系变成为恋情的一个烙印，仿佛被你办了，一切就得依从你，爱情是相对的，须彼此愿意为对方牺牲。你很喜欢一个人，从来不代表她必须也要以同等的爱去响应你，即使对方此刻真的很喜欢你，也不代表她得要永远如此。

彭导：

你好，我最近很困扰，基本情况是这样的。我的女朋友很喜欢我，但是我并不喜欢她，我自己是在美国留学，没有和她分手的原因，是因为我想回国之后可以有女生和我亲热，而且我如果要跟她分手，她也一定会很伤心。

您觉得我该怎么办？谢谢。

维山

维山：

你该去死。谢谢。

下午

第六课/初恋无限好　只要挂得早

PWV28 还有什么能比为尽孝道而劈腿更爽呢?

彭大仙：

Hello！我是一名Lesbian，和我女朋友交往一年了。起初她朋友对我说她曾经有过众多男友，但用情专一，为人善良。可是就在我和她交往两个月后，我便发现了她正和一个大龄男人同时交往。她知道我发现后，也很直接地承认了这件事，对我说她要对父母负责，要考虑婚嫁，说着说着她就哭得稀里哗啦了～～然后我也哭得稀里哗啦了～我觉得她太不容易了～我当时就下定决心要好好爱她，不管最后怎么样。

接着她和那大龄男慢慢交往后发现双方十分不合适，问题矛盾很多，彼此虽然不常见面，但也没有讲明要分手。当然在这过程中，我和我女友感情是愈来愈好，我对她付出很多，她也对我很好，我们俩也从来没吵架过，性格都很合。

然后我女朋友去外地出差了几个月，出差过程中，竟然和他们公司的一个男生搞在一起，她虽然没和我明说，但她也知道我发现了这一切。我很震惊，虽然我早就知道这个男生喜欢她很久，她自己也说过无数次觉得这男生很淫乱，不可能和这男生在一起，但是这是怎么回事?

她回来后告诉我，她最爱的是我，希望我不要离开她，她说她对我已经是尽了自己最大的努力了，她只能对我这么好，她不能为了我放弃这些男人。我想我理解她为了婚嫁而要和男人交往，但莫非出差时和这男生在一起，就单纯为了□□□□? 如果是这样，我也能理解，但是当她回来后，也竟然顺理成章地和那男生热火朝天地交往着。经常不在家，但有时却告诉我，她觉得还是那个大龄

男比较有安全感。总之现在发生的一切，真是让我很难以接受，我已经付出了自己很大的感情，我不知道应该怎么办。

希望彭大仙指点迷津！

Vicky

亲爱的 Vicky：

答你这封信是插队啦（还是一条好长的队呢），原因并不是因为你叫我彭大仙（虽然这个名字也很酷）。选这封信的原因，是我看后真的很想如标题那样问一句，还有啥能比为尽孝道而劈腿更爽呢？

哇，世上就是有这样的男女歧视。要是你跟一个男生拍拖，被你发现他跟别的女人胡混，他直接告诉你，因为你不育，他要对父母尽孝，必须传宗接代，所以像开香槟乱洒的，出去四处胡乱向女孩播种，你会原谅他吗？

可是今天换了个 Lesbian，你就被她这个说法弄得哭个稀里哗啦。她有什么太不容易？在我来看，她骗你也太容易了吧。这算什么理由？当然，你会说因为我是男生，不明白你们 Lesbian 的难处，中国传统社会巴啦巴啦。

够了，别跟我来这一套，劈腿就是劈腿，哪有分什么性取向？她要对父母负责，但父母只是希望她结婚，并没要求她劈腿。天朝社会样样从缺，就是缺不了人，人一多，少数族群都成主流，单在北京，Lesbian 和 Gay 就算坐不满鸟巢，也能挤破水立方吧。真的要向父母交代，随便找个 Gay 朋友来帮忙不就行吗？许多 Gay 朋友为了出席家人聚会，也会找女生帮忙做掩护。我太太年轻时，就做过多次这样的地下掩护工作呢。

明显地，你女友就是双性恋兼红杏出墙，却说得好像有难言之隐般。跟大龄男分开，才不是因爱你而选择，是他们双方的自身问题。你们从没吵过架？是你记忆不佳，还是我阅读有问题？这封短短数百字的来信，就已经提到吵过两次吧。

后来在出差时搭上的男生，你问我既然她自己也说过无数次这男生很淫乱，不可能跟他在一起，为什么到头来又在一起呢？唯一的解释，就是她其实跟这男生一样，都是淫乱。

这不是同性恋跟异性恋之间的问题，而是她根本不会为你放弃其他选择，在出差过程中搞上别的男生，难道她会打长途电话回家报平安说："爸妈，我正出差，一切都好，你们不用担心，我刚跟个男同事睡啦，下星期二左右就回来。"分明就是她自己耐不住寂寞。

我相信在 Lesbian 界，一定有比她更专一，愿意为你放弃其他选择的人。她本性如此，即使她父母有天百年归老，不用再向父母交代，也难保她会搭上其他女生火热朝天地交往，因为这是她的选择。

既然你叫得我一句彭大仙，就赠上一道《孙夫人归国》，网络上都能查到签文的解释啦。

花影迟迟侵砌上，
遥知月镜挂长空，
忽闻鹤戾声凄切，
早买归舟返里中。

彭大仙

PWV58 我有足够本事瞒住他俩……

彭先生：

你好。很多人都在信的开头充斥着对你的溢美赞扬之词，可我偏偏不愿意。你的好你自己明白，他们说的是真心话还是违心话，以你的才智也不会看不出来。既然事实你都明了，何必堆砌华美辞藻，不如进入正题。

我一直觉得我的存在，是为了证明这个世界的荒谬。所以发生在我身上的故事，我大都忍忍忍，我想看看，我将要被捉弄到怎样的地步，才能让老天明白他的无耻。

我十七岁读高二，每门成绩都一般，除了数学。我因为爱上了数学老师，为了获取他更多的关注，每天只读这一科，成绩非常好，数学老师也喜欢我。我尽量多地创造机会和他在一起。他很聪明，很有男人味，虽然和我爸爸差不多大。慢慢的，他也知道了我对他的感觉。于是我们躲过了全世界在一起。每次都非常刺激。我不知道怎么来形容，我只是觉得我愿意这样过到死，一辈子都抵不上一天。单独一个人的时候，想起这些都非常甜美。

我很感谢上苍赐予我这唯一的美好。然而，这也正是撕裂我整个人生的开始。即使我对老师的爱义无反顾，我在平时的生活里，也害怕一个人，需要别人陪。于是一个一直对我很好的男生成了我的男朋友。这不是我想要的，但是只有他一直对我那么好，还能忍受我的坏脾气，只有他在我任何需要的时候都能出现。可惜，他是数学老师的儿子。

我本来认为这样一切并不重要的。我有足够的本事瞒住两个人。当然，我给你写了这封信，也就是因为我最终没有瞒住。我跟

老师在宾馆里的时候，我忘了锁上的手机不知道怎么回事，自己拨去了我男朋友的号码，于是他听到了一切。两个原本信誓旦旦、不离不弃的男人，顿时都变得暴跳如雷，仿佛我害得他们家破人亡妻离子散。

于是我变得无法挽救其中的任何一段关系，并且和他们反目成仇。在他们眼里我变成了全世界最无耻不要脸的人。大概是他们身体里真的流着相同的血液，即使相差二十多岁，连小的都能那样顽固不化，恨不得将我碎尸万段。我就这样被抛弃，他们没有人丝毫考虑过我的处境，站在我的角度，哪怕一秒钟。

我并没有觉得我做错什么，从头至尾我没有想过破坏任何东西。现在我的整个世界都已经轰塌，该死的我每天还要面对这两个人仇视的眼光，还要假装若无其事。我想转学可是这是我们这个小城里唯一的重点中学，爸妈一定不会肯让我转去一所差的学校，毕竟我明年就要高三然后高考了。

人家说青春是美好的，我的青春却是用来被毁灭的。我不知道我的人生会走到怎样的荒芜。我也不知道彭先生你是不是真的能帮助我。

无论如何，谢谢你看完。

黄粱一梦

黄粱一梦：

认同你的说法，没必要堆砌华美辞藻，不如直入正题。

老实告诉你，我真的帮不了你，甚至我认为世上没几个人帮得到你。上天哪来捉弄你？一切皆是你自作孽。而你最错的地方，就是你根本没发现自己做错了啥。

既然是念同一学校，在还未办上数学老师前，你自然早该知道那男生就是数学老师的儿子。吃了那有男人味像你老爸的老师也就算了，要是你怕一个人要别人陪，班上那么多男生你不挑，干吗偏要沾手他儿子？既然你数学好，就该懂得能够同时办上父子二人，被揭发的几率一定不会小吧。

当然，也许这能见证你和数学老师是真的有爱，毕竟大家血脉相连嘛，儿子定必得到点老爸遗传，喜欢老爸，能在儿子身上嗅到同样吸引你之特质也说不定。

听了你的父子门现场春宫直播，岂能怪他俩会暴跳如雷？因为这两个男人原来对你信誓旦旦不离不弃的爱，正是建基于他们各自相信，你也对他们信誓旦旦不离不弃哟。

在你眼中，大概他们父子也太鸡贼了，不明白他们到底为啥要如此生气。你娃真牛，还敢怪人家没站在你立场去思考。读过你的信后，我也花了好几星期试站你的立场思考，就是怎也找不出有什么站得住脚的理据，也觉得无须花太大气力跟你解释你到底错在哪。

对，虽然未有人亡也没妻离，但家，是破坏定了，父子间的感情，从此再也不能回到往昔。所以我觉得，我真的帮不了你，也没谁能帮到你，我想你还是先把这事情搁着，努力准备你明年的高考吧（拜托，那不表示得搭上别科老师或他们的儿子啊），否则即使有警察为你开路到试场也帮不了你的。

有时候别老怪人家没站在你的角度，倒不如你尝试站在正常人角度去思考一下，这可能是唯一能够拯救你的青春被毁灭之唯一途径啊。

PWV38 I am too good for 二级城市

远方的彭帅：

你好。

我是一个混迹大学的宅男，我这些问题可能是80后的普遍问题了。

两方面的问题。一是爱情，我和我女友（你看到这里的时候已经分手了）是高中认识的，可能由于我的原因，她高考没考好，考到了省城的一个三流学校（希望不要被打），这也埋下了祸根。我呢？成绩很好，去了另外一个省的重点大学，我们就这样如候鸟般，只有黄金周、暑假寒假，才有机会在一起。比候鸟还惨的是，我们就这样好了快四年，然后之前说的问题来了，我和她商量，让她考研到我们学校，其实我们学校的法学专业很边缘，所以很好考。但我还是高估了她的实力，她没考到，考研期间我算是很努力地在给她买内部数据，各种辅导书，未果，这是很让人抓狂的，但确实就是发生了。我真的很想留在外省，想在外面开始自己的事业，但她这样好悲剧，更悲剧的是，他爸爸其实早帮她在老家（一个温暖的二级城市）打通好了门路，这事她也知道的，所以现在她正在努力地考这个。说白了，他家人反对她和我去外省，不舍得她家的千金，我也理解。她提出分手了，我没办法，只得接受，我有这么几个疑问。

1. 我和她有过关系，她把第一次给了我，我很愧疚，因为她很信任我，觉得我是可以托付终身的，我绝没有这种情结，只是对她没交待。

2. 然后，我舍不得她，毕竟有了四年的感情了，各方面都很习惯，绝对是适合结婚的那类，假如以后再找一个，我怀疑我没那么爱下一个了，虽然我也有过三次恋爱史，但这次是最长最珍惜的，所以一直放不下，一直在纠结中。

3. 她真的很理解我，劝我在外面工作，追随我的心。

另外一个是工作的问题。我属于从小就很听话，学习很好，然后就到了这个外省，背景是这里有我的亲戚，可以帮我找到很好的工作。我又属于那种很好强的人，什么都喜欢和人比，从内心也觉得小城市太悠闲了，不想把年轻岁月留在小城市，所以特想到外面的世界看看。为了这个，我还在高三后补习了一年，为了考到那个我最想去的学校，后来经过很煎熬的一年，终于考到了。但现在，要准备找工作了。

我面前有三个问题，梦想、女友、家人。梦想是在大城市；女友呢？注定回老家去了；家人呢？我很牵挂，觉得在外工作，算不算不孝？成功人士是怎么处理事业和家庭的关系？

三个问题，搞得我很烦。我是学经济的，我知道什么决定都有收益和风险，但你要去度量它们，太难了。回老家吧，可以尽孝，照顾老人，还有可以和最爱的人在一起，另一面，在外面有机会去实现自己的梦想，有机会做最好的自己，两面的风险也很明显。

我该怎么选择呢？李开复说，要追随自己的心，哪那么容易哦？

P.S. 我所指的城市是成都。不是北上深。

很喜欢你在《城市画报》的专栏，我一般只看《城市画报》的，你懂的。

祝开心～～

双面人

亲爱的双面人：

读你的信，我可以肯定，不管你成绩有多好，你确实是个宅男。可知道许多学业成绩很好的人出来工作后，最终也一事无成。这点对我等成绩很烂的坏学生来说未尝不是种安慰（提议有空读一下马尔科姆·格拉德韦尔（Malcolm Gladwell）的《异类：不一样的成功启示录》（Outliers: The Story of Success），里面记述了好几个一事无成的天才。当然不是说你啦，因为你大概还没到天才那个程度）。

我想说的，是除学业成绩外，你似乎忽略了跟人相处时的感觉。你一而再、再而三地强调，女友住的是二级城市，读的是三流学校，仿佛在这城市出生，就是为了等着到外省发光发热一样。也许这是你的人生目标价值观，没人阻你，但不该将之强加于人。我认为每个人都有自己的选择，你前女友的父母可能已给她安排好将来的路，不过最后希望留在家乡陪伴二老，仍是她自己的选择啊。

你提出的三条问题：

1. 我认为这很幼稚，你的愧疚，仿佛是白吃了人家一餐没埋单似的，于是欠人家一个交待。现在是什么年代啦，性是双方决定的，她把初夜给你，有她的决定，正如她跟你提出分手一样。既然她能跟你提出分手，就表示她不需要你的什么付托终身。请别自作多情。

2. 说到底，一切皆以“我”为中心，在你眼中，世事一切都跟你有关，包括前女友高考成绩不好！拜托哟，别太自以为是好吗？现在是你舍不得她，你不是担心不能爱下一个，而是因为各方面都习惯了适应了，就像用了多年诺基亚手机，要是转用别的牌子，那个使用界面就不习惯，按上不顺手，这不代表你对诺基亚情有独钟，只是你不想去改变而已（话说回来，诺基亚的使用界面其实真不错啊）。

3. 我相信她很了解你，也很清楚自己需要什么，所以她没勉强要求你配合。只是你却一直希望去改变扭曲人家的目标方向，包括你努力去买啥内部数据，着她考你的法学专业学校一样，你不是真的认为她该念法学，你只是想把她留在你身边，当个陪读书僮。在爱情中，伴侣可不是对方的附属品。

我有看李开复的微博，他说的，大部分都对。当然，追随自己的心又怎能面面俱到？不可能左右逢源，总得有点牺牲。但从你的信来看，我还是会劝你到外省努力吧，因为反正你内心深处，压根儿就看不起那些二级城市，老是认为自己 Too Good For Them，要是家人或女友勉强要把你留在故乡，你一定深深不忿。就正如我永远不会阻止那些下重注的赌徒一样，免得被骂阻人发达。

赢的输的，都要自己来承担，年轻最大的好处就是输得起。但记着，无论爱情还是人生，世上每一件事情都不一定依循你希望的方向去走，人要有面对逆境的能力。

尝试以一己努力去控制事情发展的方向，我懂。可是，世事又岂能尽如人意。虽然《城市画报》的编辑也在追稿，但为了给你上这一课，因此我还是决定把这封信交往《外滩画报》呢。

远方的彭帅

PWV20 如果不爱我，干吗把初夜施舍我？

亲爱的彭导：

我失恋了。可能每个人都会失恋，但我想不明白，我们都来自比较保守的家庭，之前经历了那么多事了，我以为坚固的爱情原来这么易碎，甚至开始怀疑是不是从头到尾就只是单方面的，可是不可能啊！

她是我初恋，我是她第二个男朋友。她家里反对，各种反对。于是我们各种偷着来，中间还经历很多诱惑。今年年初的时候，我在北京电影学院考试的时候，第二天是电影学三试，她说她受不了两个人分开，我不在她身边她没有安全感。我说好，于是我放弃了考试，当晚就回去了，那天是二月十四号。我没有后悔过，我觉得和她在一起，为她做一切都是开心的。作为一个不循规守矩长大的中国少年的我，终于在高中毕业的暑假，和她一起睡了。我们都是第一次，各种不适应。但那个时候我坚信，这辈子就她了，她是我第一个也是最后一个。她哭着求我和她去一个学校，但我不肯，因为我实在不想学那些我根本不喜欢的东西，以后出来找个饭碗，这辈子就这么过去了。于是我们相距二百公里，我答应她每个礼拜回去看她。我们可以彼此思念，彼此接受时间和空间的考验，利用四年让自己牛B起来。但事情并没有向我想的方向去发展。大学刚开始的军训还好，到后半程，她开始不那么爱搭理我了，我开始发火生气，吵架。最后我想可能女生是容易累，是我太小器，而且可能投入感情太多，我也有些忍受不了思念，甚至之前犹豫的东西，是不要命地去追求理想，还是和她安稳地过以后。我妥协了，我发短信告诉她，我放弃了，我愿意听她的了，不去追求那些周围人都认

为不实际的东西，我好好学习，以后踏实工作，组成个家庭。悲剧的是，她根本没回，两天后收到回复：国庆节回来再面谈吧。我崩溃了，我受不了她那种不在乎样子，我说要不分手，她居然欣然接受。我无视军训，无视辅导员的威胁，直接回家问她为什么。结果她不感动另说，居然告诉我她有其他男朋友了。大学开学，我们分开才仅仅两个礼拜。

我现在困惑的是，她有没有爱过我，如果爱过为什么会以接受不了距离，用以后不可能在一起这样的借口，去和一个更不可能长远的人在一起。那么之前一切算什么？她爱过我么，我一直这么问自己。如果爱，她为什么会分手？如果不爱，当时为什么又在快结束的时候给我？难道我只是她高中生活无聊的替代品，一种消费品？可怜我，想安抚我，才在那个时候给我的？

我还困惑我是否应该等她？我现在什么都不确定，包括这个家，学校，还有我的理想，但我唯一能够确定的是我爱她，真的。我能理解，如果她也困惑，困惑自己到底想找一个什么样的人一起，或者觉得和我这样一个没有安全感，或者新鲜感的人在一起是浪费时间，毕竟我们才二十岁，什么都不好说。真的，当时我想的就是不在乎中间过程，希望能和她最后永远在一起。这样想是不是很傻很天真呢？等她回头值得么？

本身文笔就不好，情绪又激动，词不达意，见谅。我现在也只能相信自己的理想，那就是终有一天能拍胶片。希望彭 Sir 能百忙之中抽出时间给我安慰。希望有天能再次见到本人，而且是以同僚的身份。

单飞

单飞：

你这封信本来已被我助理剔除出该答的来信名单中，但我还是把它选回来,感觉上就像《星光大道》网络复活赛中的生还者哟。

为什么我要把它捡回来？本来觉得没什么好谈，但看到你是念电影的，生怕他朝有日一起工作时，你直接跑过来向我诉苦伸冤，就像精品店内贴着那些提醒顾客请勿触摸的标语。从小就觉得当中的一句很有趣：请勿触摸，面斥不雅。为免面斥，因此还是回信文责好了。

从来初恋没几个人成功，为什么失恋分手就要把过去所有事情都否定？李天命说得对，当我们到过山顶，即使之后要下山，到过山顶这事实是不会改变的。你和她爱过，好过，那就够了，干吗在分手的时候，要怀疑东怀疑西地疑神疑鬼？现在不是那种港产地痞式的廉价爱情商业片，才没必要到最后乱七八糟地跳出大堆跳剪回忆来，把过去所有美好事物都推翻。

她过去爱你，不代表现在不能跟你分手。你如此钻牛角尖，仿佛她把初夜给你，都成为你谴责她“始乱终弃”的一个罪证。你会是她高中生活的无聊替代品消遣品吗？我不知道，但说不定她也是你的消遣品之一。

其实在成长中，你的价值观和界限不断调整，过去你就已经冒着跟她感情转淡的危险往别处升学，这些事没人可以怪你，因为每个人也得为自己打算。但为什么在她的成长过程中，你认定了这辈子她是第一个，也是最后一个，她就一定要跟随你的想法去做呢？这几年她可能真的在不同环境中接触多了，也认清了自己想要什么（或不想要什么），也可能，中国在让一小撮人首先富起来的同时，亦让一小撮人首先牛B起来，而她，恰巧就是那一小撮（无论是前一小撮或后一小撮，也能成为甩你的理由啦）。

别老因为自己付出了，就迫人家接受你的选择。你放弃考试从北京回去，没人强迫你，不要老用这事情去压人，让人家不能跟你分开。这纯粹是你个人决定，正如你决定不跟她去同一学校，她怎样也迫不了你。你无视军训和辅导员的威胁直接跑回家，是因为你想问个究竟，不能以此强迫别人感动。

每个人能接受什么，不能接受什么，不是对方说了就算，她的爱为什么不能接受距离，就正如你的爱也不能接受平凡，放弃理想一样。

别搞以前那套，打倒谁后，得要在全国学生教科书中把照片涂黑，或索性用刀片把样子刮走。分手就分手，回忆是美好的，就把它留于脑里。

顺带一提，在你创伤复元后，可能很快又再拍拖，我得告诉你，下一个对象也不见得是你最后一个。其实过程中的快乐，比执著某些形式更为重要。时代进步了，正如今天 Red One 数码摄影机的质感已可媲美胶片了，又何必还坚持一定要以胶片作为你拍摄的理想呢？最近我的两部电影，已是用 Red One 去拍摄了。

PWV54 我好吃，但他好饱

Hi 彭浩翔：

你好，最近有一个人很让我苦恼，他是我一年前的朋友，叫做 L。

2008 年年底我们认识，他是给人第一感觉就很好的男生，所以当初在无聊的工作环境中，他可谓是让我眼前一亮的男生。我知道他有个交往两年的女朋友（异地恋），所以也一直把他当朋友看待。随着时间的积累，2009 年夏天，我们的关系已经是很哥们的朋友，哥们到他的朋友是我的朋友，我的朋友也和他关系很好。但是其实我的心里一直对 L 是有好感的，2009 年他前女友变心，他失恋了，我当时有个很宠爱我的男朋友，但是我还是没有办法欺骗自己的感情，就是我很想和 L 在一起，当时竟然幼稚地觉得如果现在不在一起，可能这辈子也不能在一起了。所以我也跟前男友分手，在 L 身边作为一个哥们安慰他。

事情的转身是 2010 年元旦，他去了北国。他开玩笑说，元旦来找我玩吧，最讨厌寒冷的我，随后就买了去北方的机票。在北方，我们的关系发生了微妙的变化。在北国的三天是非常好的。然后三天后，我回到了南方，他继续往北，一个星期后他回来了。

回来后的他让我觉得冷漠，哪怕是牵着手也会觉得他寂寞。我知道他在犹豫。我讨厌沉默，讨厌犹豫不决的冷漠，所以我还是在一周后跟他提出，你为何这么沉默呢？他说他没有想好，好像自己还没有准备爱上一个人。我说如果现在没有准备好，以后也不会准备好的。所以我们分手了。

一周后，他的朋友 W 约我吃饭。到了吃饭的地方结果他也在，我还是假装我很好的样子吃饭聊天，然后这次见面的一周后，我们

又□□了，这次他异常的热情且温柔，我们是那种能说很多心里话的。他说：“我不是个好男朋友，但是我肯定是个好朋友，想要好的还是坏的？”我说：“我们肯定是不可能做朋友了。”他说：“那你做我女朋友好不好。”

但是在这次以后，他的态度还是很犹豫，他跟我的朋友说，我是个好吃的，但是他现在是饱的。

这个对我伤害很大，我当然知道他可能还是没有从上次的失恋中走出来，但是至少要有个明确的态度，如果认真地交往就现在抓住我，如果不是认真的开始那就拜拜。不知道他在想什么，犹豫什么！

亲爱的彭导，我真的不知道想过多少次事情的始终因果联系，等等。我觉得我已经想得很清醒了，我每天都在问自己，如果现在失去这个人，我会有多么的难过，我能接受吗？但是我知道只要这个人又对我很热情，我还是无法拒绝。我该怎么做？该和他一刀两断吗？

如果是认真地开始，我倒是也不怕谁最后会伤害谁，只是觉得事情如果在开始就这么艰难险阻，是不是就是上帝不让我们在一起？

期待着你的回信。如果不回也没关系。

祝你全家健康快乐～

Cream

亲爱的 Cream：

每个人来信都渴望得到回复，虽然发出电邮时，心中可能也会有个底，就是不回也没关系吧，但多不会真的连这话都写出来。你一方面期待回信，却又写着要是不回也没关系，可看得出，其实你跟他都是同类，总是优柔寡断，当然，可能在感情方面，你会来得比他坚定。

大概我们身处光纤时代，凡事讲求速度效率，导致我们还没准备好爱上那个人之前，就已经上了那个人。

其实这男的已经说得很清楚，你是个好吃的，但他现在好饱。既然是饱，干吗还点菜？他不能推说我没点哟，这是自助餐。就算是，他妈没教他该有些文明素质，吃不下就别拿，搁着都浪费呢。不过也许对他来说，你是 Cream，因此只是随便呷两口作点缀，从未打算作主食。

他现在是吃了霸王餐赖账流氓。这样只会躺着饿站着饱的人，再寂寞也别去牵他的手，除非你也真的很饿，那就好丑一餐吃了再算吧。

□□□□□□□□□□□□□□□□，□□□□□□□，□□□□□□□□□□，□□□□□□□□□□□□□。□□□□□□□□□□□□，□□□□□□□□□□，□□□□□□□□，□□□□□□□□□□□。

得要搞清楚，他到底是真的爱上你，还是只是爱**上**你。

PWV11 前任右手想复合　左手搭上K房小姐

阿彭：

我跟他相处了四年多，大学两年，工作两年，他一直无条件包容我，我也一直无条件任性，关系在我看来亲密无间水乳交融，或许于他不是，工作后两人大概都变了很多。直到有一天，他开始不再愿意听我吐槽。

不爱就不爱了吧，虽然很难接受，但也一点点在走出来。只是，在发现还是会拿约会的男生跟他比较时，无比崩溃。

分手一个多月后，他约我出来，告诉我他找了个女人，是K房小姐，把她接了出来，两人住一起。告诉我的初衷，是为了向我百分百坦白，其实背后的原因，是还想对我回头吧。知道得愈多，伤害愈真切。这个男人到底是与我分手在前，还是出轨在前，定义已经很模糊。

又挣扎了一个多月，禁止自己跟他联系，不管怎样，他都不算单身状态。憋得久了，在某个清晨或者夜晚，我打电话过去他们那里哭诉，几次以后，有一天，那女人叫他搬离她家。

他搬回自己家后，换了手机号码，彻底与这个女人断绝联系，只是心里还是会关心她，担心她离开自己受不了出意外。而且，也无法与我开始，甚至，对我失去性的欲望。

他说跟我像朋友一般相处，可是也会担心我，希望我外出都向他汇报。比好友多一些，又不是男女朋友，这种不确定很快让我不愉快。可能关系走到这步真的已经山穷水尽，是否两人捏在手里的都只剩下习惯而已。每每想到真要分开，两人还是会同时不舍。他无法对我全身心投入，是否也是对过去的那三个月还有留恋？而

我，如此不离不弃，真的是出于真爱吗？

我的故事或许真的很不对你的风格，额，又或许真的很对你的风格。呵呵，或许你可以从男性的角度告诉我，他到底怎样看我。或许我就是一直这样要求太多。

宝尼

亲爱的宝尼：

读完你的信后，我又重新看你信中的第三段，看完又看，就是不明白那句意思："告诉我的初衷，是为了向我百分百坦白，其实背后的原因，是还想对我回头吧。"我看不出前后的因果关系。

前男友告诉你，他当个火山孝子，还拯救K房小姐出火坑，那跟重新和你复合有啥关系？他是和你分手后才展开K房人道援助行动，还是一早孩提时就立志当火坑拯救队，这都不重要。他的心根本不在你，而是在那个女人，这已经清楚得很。他搬回家，出于被迫，换电话号码不过是姿态。表面上，他和那女生断绝联系，但重心是，他还一直想着她。你们之间的关系，也许是比好友多些，却肯定成不了正常男女朋友。

你继续待在他身边，他会有可能搬回来跟你住吗？说实话，有这种可能。但这是个你妈会拍手叫好的选择吗？最重要是，我国需要拯救的欢场少女也着实太多了吧，除了K房，还有发廊、桑拿，没有一个人能扛起这个重担就把它交给警察去处理吧。何况要拯救她们，无须跟她们共赴同居，直接拨个电话到警察局说有人逼良为娼就好。

要看这类戏码何必再多花两年，干脆买张《漂亮女人》(Pretty Woman) D9就行。你说的，其实跟事实不符，信读到最后，真正看到的，是你一直对他无条件地包容，而他却是无条件地任性。

我助理准剩女阿 Quin 常怪责我，说我答信时的爱情观太灰，老是劝人分手，去找别的男生，她认为如此下去，恐怕会为社会制造太多剩女与她竞争（重心在此）。我认为这只是她执著于小数字的迷思。即使我劝那些给我来信的女生，通通都跟男友继续维持关系，我也不认为会有助她打开大中华市场，建立更大的优势——她的问题比北韩核问题更为复杂，在此暂按下不表，日后有空再拨冗详谈。

读着你的来信，让我想起了小时候看过有关神秘百慕大中，那个著名的消失飞行中队事故（对，小时候我已有典型宅男特征，就是对这类外星人、百慕大和尼斯湖水怪深感兴趣啦)。

一九四五年十二月五日，那时第二次世界大战才刚结束了六个月，佛罗里达州东岸劳德代尔保 (Fort Lauderdale) 的海军航空站，一位经验丰富的飞行中尉查尔斯·泰勒 (Charles Taylor) 带领四架练习战机，进行一次轰炸演习，原定计划由佛罗里达飞向巴哈马，然后在两个半小时后折返。

可是航空塔收到讯息，泰勒说原定应该看到陆地的地方，没有见到，他怀疑自己的中队被风吹离了原定航道。当时，控制塔的通讯员一直给予泰勒指示，其实那些指示都正确，可是泰勒却坚持说他们所在的位置并非如通讯员所说。中队队员提醒中尉，可是中尉却坚持自己的定向仪坏了，最后整支飞行中队就神秘消失于大海之中。

后人研究他们的通讯对话，发现航空塔的通讯员和飞行中队的其他队员，其实给予的意见都正确，但由于泰勒一开始就把巴哈马群岛误认是佛罗里达群岛，因此他坚持认定的方位是对，即使仪器上的数据有别，他甚至认为飞机上的罗盘失灵。当其他队员提议接手领导，都被泰勒一一拒绝。最后，泰勒将整支中队引向一个远离陆地的方向，最后油尽坠海。后人称呼这种症状为空间迷向（Spatial Disorientation）。

那就是因为一开始认定了一个目标，即使原定的目标被发现是错误，但由于经过时间和身边的压力，当事人逐渐不肯跳离原来的错误，即使那错误是有多么明显，也完全忽视身边的其他选择存在，一头栽进那死胡同当中。这是飞行员常见的情况，也因如此，泰勒中尉最后就引领了他的中队葬身于茫茫大海中。

而在爱情路上也有这样的盲点，随时会教你情海中含恨。当然，你可尝试每天努力苦练刀法，把家中水果切成如卡拉 OK 的果盘般，也可在茶几上放上半打喜力。但我认为，这样的人，与其再花精神去跟 K 房小姐争夺他的心，我宁愿把精力花在那些乱七八糟的开心网投票更好，例如颈部该归洁面乳，还是由沐浴露去洗，又或要是有人冲进你家来捉你，你应躲在哪里最安全之类的问题（噢，顺带一提，以上这两个问题，我也曾仔细认真思考过啦。前者，我认为为了促进我家洁面乳和沐浴露的和谐，我的颈部就像三八线的中间缓冲区一样，属于共同管理区，一般都是沐浴露洗完，洁面乳也会覆盖。后者我则认为，只要来捉你的不是武警，最好还是跑到街上吧——这些跟你的感情问题有什么关系？都没有。但反正提到，顺带说一下吧，希望别介意啦）。

你对他，不是出自真爱的不离不弃，只是源于盲目的不忿不甘。

PWV47 世人都虚伪　我该放弃自我吗？

亲爱的彭浩翔：

那天你来我们学校讲座的时候，我坐在很前排见到你，就觉得你是一个值得信赖的人。因此希望能听听你的意见。

我是一个个性非常直率的人，但是我发现在这个社会像我这样个性的人生存会举步维艰。虽然现在还在读书，我已经渐渐感到许多压力。

我的室友过去跟我关系很不错，但是上学期我不小心发现她插足了别人的恋爱关系。那一对都是我们的同学，另外那个女生跟我室友是不错的朋友，我最初得知这件事情的时候，我一直不敢开口对别人说，也没有对我室友提起。而我室友也一直伪装得很好，有一次我们在电梯里遇到另外那个女生和她男友（当时他也已经成为我室友的男友），我室友还非常亲热地跟那个女生搭话。这件事情简直要令我呕吐。从那之后，我再也没有办法对我室友有正面的评价了。我觉得无论是作为同学，还是作为好朋友，我都无法理解她，渐渐地我就不理她了。

后来她跟那个男生的事还是被大家都知道了，那段时间大家对她的评价都很不好，她索性就豁出去，跟那个男生在公共场合亲热，行为非常大胆过激。不过同时她还跟别人哭诉说我不理她，这样更令我觉得她很恶心了。但是我们宿舍的另外两个人一直觉得我那样很不对，她们非常支持我室友。暑假回家以后我爸妈听说了这件事情，严厉地斥责了我，一直逼我跟她和好，结果这学期开学回来我就被迫跟她和好了。可是我心里一直很不开心，其实我知道她并不是坏人，我们也有许多美好的回忆，但是我就是没办法说服自己再

喜欢上她。

而且我一直觉得很不公平，为什么她不会受到惩罚呢？凭什么她还能得到爱情呢？另一方面，因为当时我不理她，她就跟我们宿舍另外两个人关系更加亲密，即使现在我跟她和好了，我与她们三个也已经有些疏远了。就是说她们说一些事情的时候会回避我。有时我心里也会觉得我们本来对许多事情的观点就不一样，渐渐疏远是无可避免的，但是不能开诚布公还是令我很痛苦。

事实上，在我室友放假回来之前，我宿舍的另一个人也对我说，她并非真心地支持我室友和那个男生，但是她觉得友谊比较重要。而且我也明白一件事情，就是之前我和我室友关系非常好，她是有些嫉妒的，一度她都不理我们，说我们不关心她。现在她终于把我室友争取过去了，她大概也很开心吧。

我觉得这个世界上的人都是很虚伪的，即使熬过这两年，以后不用跟她们见面，我以后还是会遇到许许多多这样的情况。我并不是说我以前不知道世界是这样的，但是我总是心存一丝希望：尽管在工作上，在外面可以虚假做人，至少回家以后，或者跟朋友在一起的时候还会找到一些真心。但是她们原本是我在大学里最好的朋友，我们之间仍然不能坦诚相待。我觉得这太悲凉了。我想做一个自由自在的人，现在我发现这是不可能的，为了适应社会必须要放弃自我，那我活着还有什么意思呢？真的，我忽然觉得无论将来获得怎样的成就，或者有多少财富，人生好像都是了无生趣。

十月末

亲爱的十月末：

要是有天你在街上，看到你舅舅跟个陌生女子步进宾馆，他俩没拖手，因此你不肯定他们是否情侣关系，也不肯定他们到底是到宾馆开房大战三百回合，还是往二楼咖啡室谈一下为家人买份人寿保险计划。你不肯定。

但你认为既然事无不可对人言，要是他们真的没暧昧，干吗不能公告天下？于是你就直率地把此事告知舅妈，结果舅妈追问舅舅，二人吵起来，最后弄至离婚。

自那天开始，舅妈子女因气你破坏其家庭，再不愿意跟你一起去看电影，生日别说送礼物，连短信也不发一条。但你能怪他们吗？当然，你可以信誓旦旦地说，破坏他们家庭的，不是你，是他们父亲，是他先破坏了婚姻的忠诚。但在这事情上，确因你插上的这一脚，成了促成之导火线，所以你不能两边都希望左右逢源，既要当个忠直敢谏之忠臣，又想内宫宦官联欢会会邀请你。这可有点为难。

自由自在不能成为任意妄为的尚方宝剑，你固然可以随心所欲去斩妖除魔，直斥凡俗其非，可是人世间关系总是千丝万缕，在直斥其非的同时，也得顾全别的关系，这不是叫做不能坦诚相对。在我们成长的岁月中,会发明一个词汇去回应这情况,那说法是“懂人情世故”。

看你来信，明显你那位室友除了是贪恋情爱的花蝴蝶外，也是大家争相想拉拢关系之对象，在你还没跟她闹翻前，你和她关系良好，其他室友就会妒忌，所以她似乎是大伙的人际关系中心点。我觉得不一定要跟尖果做朋友，才能肯定自己在社群内的价值，但既然你对她的行为不能认同，也公开主动地疏远她，那你早就该把事后可能衍生的蝴蝶效应，纳入你做决定时该考虑之因素哟。

人生不能两头便宜都占，既想随心所欲直斥其非，又要别人事后大彻大悟重新视你为知己，可能在完美的乌托邦中会出现，但不妨看一下这照片。

这是朋友在网络上看到后转发给我的，我很喜欢，因为它提醒着我，到底是活在一个怎样的世界里。

莫说完美，连正常都还有点距离。

做人不能过分理想化，加上我认为最重要的，是反正还没结婚，你室友想把他逮着也没什么不对，这是正常的良性竞争。也许你认为她在升降机内亲热搭话是虚伪，但我可以告诉你，亲爱的，要是连这样都受不了，将来出来工作后，恐怕更加熬不过去。

当你日后年纪长大，就会发现，世事并非如你想象般非黑即白，清晰到你可动辄直斥其非。在黑与白之间，还有一个广阔空间，叫灰色。

PWV13 不成硬汉便成仁

彭导：

你好！数天前，我失恋了，原因是我觉得，跟我一起七年的男朋友已经不再爱我，不再在乎我。当然，如果只是这样的小问题，我不用麻烦大老爷你了。其实我觉得我们是会复合的，毕竟已经有七年感情，不是说分就分的，但他竟然半个月没跟我联络，在等待的过程中，我再也骗不了自己——这个男人今次真的放弃了我，连挽回一下都懒了。其实我也不是太伤心，既然分手是自己提出，应该预料到有这个结果。但问题是他昨晚留言给我：我才二十六岁，但已经有心无力，所以我不得不放弃你，我不想伤害你……在我追问之下，才知道他有阳痿……

天呀！难怪他半年也没碰过我，我一直以为他工作辛苦，我们见面也不容易（我们不是同居的），而且大家的休息时间不一样，迁就不出时间来做爱，所以没有……于是，一幕幕像电影一样的画面，一直在我脑海里回旋，他对我的冷漠，不是因为不爱我，不在乎我，而是因为他阳痿……

他看过医生，医生说，有心理原因，也有生理原因。我想，如果有心理原因，那一定是我做成的，因为刚跟他在一起的时候，我觉得他很厉害的！但后来，有些时候他太累，干不了，我便取笑他。我当然知道自己只不过是开玩笑罢了，但我不知道会对他造成这么大的压力。其实我也觉得他愈来愈逊，只是我真的没想到是阳痿这么严重……

其实那时我也有点不高兴，要是我没提分手，大概他都不会告诉我，他说不知怎么开口。但细想一下，这也不能怪他，其实他

有这个病，我要负很大的责任。我说：那怎么办？他说：你的答案就是我的答案。其实我知道，他不想拖累我，不想伤害我，希望我早点离开他，在年轻时再找一个好男人。说实话，我又何尝不曾自私地想过要离开他呢！不过，在这时候离开他，我觉得自己很下流（现在只有我知道，觉得他很可怜，要自己一个默默承受一切），而且之前我提出分手，不是因为不爱他，而是觉得他不爱我，不在乎我，但现在知道真相后，我才发现，他不是不爱我，是太爱我了。

我不清楚阳痿有没有治愈方法，但对我来说，暂时接受不了有爱无性。怎么办？怎么办？我应该伟大地留下来陪他，还是自私地去找另一个呢？彭导，我想这是上天给我的一个严峻考验，考验我的道德、人格、爱情、现实。现在我真的很迷茫，我应该怎样做？求求你，给我一个指示吧！

万分感谢。

candy

candy:

离开他。

看你信的头两段，我想到第一个离开他的理由，第三、四段我想到第二个，但更重要的，还是看到你最后的一段，那才是真正的答案。其实你自己也说了，你接受不了有爱无性。

何必勉强自己呢？这不叫自私，每个人也有自己的算盘，爱情从来都像花墟球场小食部一样，没人有义务去为球场经营一个小食部。同样，市政局也没规定一定要把小食部的经营权批给你。一个愿打，一个愿捱，合则来，不合则去。

这不是上天给你道德、人格、爱情的严峻考验，那不过是最卑微世俗的现实而已。读过李碧华写的《烟花三月》就会了解，生活，从来都不过是最现实的问题，袁婆婆之所以跟丈夫分开，全因为东北农场没足够米饭，二人最后吃过一顿饭后，从此就各走各路。

既然你男友有自知之明劝你离开，而你亦接受不了有爱无性，也吃不饱，那何不早点了断呢？

我认为问题不只在于阳痿本身，而是你们之间的感情出现了问题。阳痿只是极端呈现出来的生理现象，就像我们热气时，舌头会肿胀一样（这个比喻好像有点不妥，目前他的反应，正恰恰相反，就是不肿胀啦），都是身体失衡才会反映出来的。

我认为更重要的，是你开始觉得他不爱你，不在乎你的时候，我相信这感觉的来源，一定不只限于他半年没跟你亲热，而是在其他沟通方面也有问题吧。□□□□□□□□□□，□□□□□□□□？

要是你觉得他不在乎你，那就一定不单只是床事。说实话，你对他的取笑，可能是他阳痿严重的催化剂，但毋须过分自责，因为即使这是原因，也不会是唯一或最重要主因（不知道这样会否让你好过点）。

另一方面，我想探讨的，是目前这个阳痿理由，只是你从他口中听来的，你有否想过，这个阳痿的真实性究竟有多少？或者只是他想找个理由甩掉你？我见过有人为了跟女友分手，故意说自己患上绝症，要到外国做手术，然后搬屋改电话；也有为了不想跟情妇同居，一直隐瞒着自己已跟妻子离婚多年（X君你就别太作贼心虚啦，我都没说你全名啦）。

我并不是说你男友一定是这种人，但这个理由都是他自说自话，你是否想过去查证一下呢？□□□□？□□□□□□□□□□□，就当是不到黄河心不死也好。

噢，我原意好像是劝你离开他的，干吗说到一半又着你去给他验明正身？还是算了吧，何必硬要知道答案呢？看！我就是如此摇摆不定哟。

PWV56 憋坏之三年

彭生：

也许我并不是真的寻求你的帮助，我只是太过压抑。网络虽然可信度不高，但它的确是宣泄的好地方。我需要找人谈谈，或是请人听听。还是把故事全部说完吧，人物有点多，我以英文字母称呼。

我和他在同一所高中，原本他大我一届，因为父母离异的影响，他留了一级，变成与我同级不同班。

故事由 Z 说起：

我和 Z 是高中同班同桌的好友。坐在我们前面的 R，是 Z 的初中同学，一直喜欢 Z。Z 不抗拒也不接受，还总是与他要耍性子，一不满意就在后面掐 R 的背。R 不知是伤心还是伤身，有时还真被 Z 弄得流眼泪。我很不忍心，总是给 R 予安慰。

R 与 Z 有一群初中时共同的朋友，他们建议给 R 重新介绍个女孩子。相亲安排在一个周末。新的周一，Z 告诉我，给 R 介绍的女孩子，原来也在我们学校初中部，叫 F，还远远地指给我看，我就是这样知道 F 的。

R 的相亲并没有下文。倒是 Z 有一天告诉我，她喜欢上同校一个男孩子，但不知道他叫什么，只见过 F 常与他们一帮人走在一起。终于有一天，Z 鼓起勇气问了 F，知道那个男孩子叫 T，比我们高一届。

在一次上学的路上，那天下着不小的雨，我代替 Z 传递了一张约会纸条给 T，约他周五放学在公车站一起回家。

一切都很顺 Z 的设想，他们开始了。

后来从 Z 的口中才得知，F 也是喜欢 T 的，只是被 Z 捷足先登。

Z虽对T很投入，但是仍不拒绝R对她的殷勤好意。

一个假期的下午，我被Z拉到T家打牌，认识了他。那是我印象里第一次见他。随后因为Z和T，我与他有了一丁点的接触，他说话很冲，完全不顾及别人的感受，常让我陷入尴尬，但我觉得他与众不同。

一次在放学的路上，因为女同学（这位女同学是F的朋友，我是Z的朋友，呵呵，两伙人有点势不两立的意思）之间的闲话，他对我很刻薄地进行了批评，当我问他是否对我有误解，他的回答引用了名言“我向来不惮以最坏的恶意来猜测国人”。天空飘着毛毛细雨，公交车来了，他奔上车，我仍在雨里。

我想，我是在那个时候才发现自己喜欢了他。

Z和T的发展出现了问题，导火线是Z竟然叫R踩单车带着她去找T拿录像带。T见到了，两人有了裂痕。

之后，Z与T是怎么彻底分了手，我倒是忘记了。只是后来，T很快就和F好上了。Z很伤心。

这个时候，R退学了。在R家的Party上，Z偷看R的日记，竟然发现，R已经喜欢上我好长一段日子，我感到有罪恶感，对不起Z。还好R退了学。

可是，也许是因为不再一起读书的原因，R竟然在学校门口等我放学。等到第三天，我已经义正词严地伤害了他。

R的表白让我的心也在青春里起了骚动，我时常想念他。

十一月，全级高二的同学要去岛上学农，他因为上年学过，没有同行。我在岛上写了封信给他，内容完全不记得了，但该总是流露了些吧。

两个星期的学农结束，下了船，我连家都没回，带着行李，马上买了一本《废都》，送到他家，我记得他说想看。

呵呵，后来我们就好了，就像我们的结束一样，起因很隐蔽。

一九九三年的十二月二十五日，他在他家的沙发上亲吻了我，我感觉电流流过身上。他和T常在一起，是哥们，也和F及她的朋友组成了小团体。可是他们的小团体不喜欢Z不喜欢我，他连上下学都是能避就避着我。我理解，年轻时朋友是很重要的，而且，学校早恋也是不允许的。

我的父母管教很严，除了上下学，难得有机会给我出来。我们在一起的时间不多，常常是待在他家，聊天和亲吻。

很快到了新的一年。T去了外地上大学，F也去了另一所学校。不知道F和T发生了什么。我只看到F常在公车站等他放学，Z和我说觉得F喜欢他，我同感。

他是个有理想和思想的人，那时的我喜欢的是王菲（彭再注：这个王菲真的是指王菲啦）这样的类型，喜欢另类，爱有与众不同的见解。当他兴致勃勃与我谈及他的抱负，我该是上演了一出冷漠的另类见解。心和心疏远了。

高三大家都很紧张，对即将到来的结局都很紧张。我太自我了，忽略了他比我还细腻的感觉，他走了，一如开始，原因很隐晦。

就是那年夏天，高考结束，我见到他和F拖起了手。

F是T的女朋友啊，至少是前女朋友啊……

之后我离开家，去了外地读书，工作。不断地换男朋友，可是，我再也没有感到过电流的感觉。直到二〇〇六年的那个夏天。

我相信彼此的感情，理解他的难处，如同自己。可是，一想到他和F之间亲密，唉……

我认真考虑过他再次与我开始的原因。我的执著？他与她之间感情上的疲乏？但什么原因开始的，都没关系。重要的是，现在我们相爱。你会对我用相爱描述我们之间嗤之以鼻吗？我不知怎样

表达，才不会让你对他产生误解。我相信他的难处，因为我也有难处，这已经不是想不想的问题了。我们彼此都有孩子，这就是最难的地方，他们都还小，让人不忍心伤害。

分隔万里不知算不算好彩？我想如果我们在同一个城市，早就爆煲了。我不太了解他的太太，彼此都小心回避谈论这个，怕对方不舒服，想来对他也是不错的。我的先生是很好的，非常的好。他愈好，对我的惩罚就愈重。我甚至期盼先生有外遇就好了，那我不就解脱了？我这个想法很卑鄙，到头来自己都不敢面对自己的丑陋。自己做错了事却要别人来掩盖……

我很不愿见到彭生对他有什么妄断，虽然不能自控，但分辨的能力还是有的。爱得起并不容易……

最后，非常感谢你能听听我的心情。这三年来，我憋坏了。

Many tks.

Alice

亲爱的 Alice：

请放心，我不会对你们的感情嗤之以鼻，也不会妄下判断，因为我们都是这样长大的。

记起念初中一年级的时候，我从男校小学升到一家在香港以龙蛇混杂和女生特漂亮而驰名的中学新法书院。而在新法书院的分校中，尤以太子道的最为享负盛名，校内女生都是穿着深蓝色水手服，加上她们以裙边与膝盖的距离愈多为荣，别家学校的女生都穿内衣和底裙，可是新法的传统就是大家都不穿，于是在打篮球时，水手服就泄露出青春小蛮腰，成了大批男生视线的聚焦点……

噢，对不起，一缅怀起过往的青葱岁月就离了题。话说回来，那是我第一次念男女校，因此心情都较紧张，当时坐在我前面的那个女生叫婷婷（为了保护隐私，因此不能在这里写上真实姓名哟）。婷婷是我第一个接触到的女生，她有着把柔柔黑发，我们那时都念下午班，在中午上课时，她的发尾总带点湿润，明显是上学前才在家中刚洗了发。坐在后面的我，无法分辨得清她散发出来的那缕清香，到底是其体香余韵，还是洗发水护发素的残留化学剂。

我像辛晓琪那首《味道》歌词所言般，深深为其味道所迷，于是我用上了在那年龄所有男生吸引女生的方法，就是经常作弄她。那时候大家都很幼稚，但同时也很心水清，班上谁都看得出我喜欢她，也发现了她从不抗拒被我作弄。当我仅请了一天病假，她却偷偷在我抽屉里放上一张慰问卡时，大家就经常拿我们二人来讪笑，后来我们因怕了被人家说话，虽然明知彼此都有点意思，最后还是没开始。

到中二那年她转了校，从此我们再没见过面。一直以为这段感觉只会藏于心坎，但八年后的一个聚会，我再次重遇她，那时我俩都长大了，再也不怕同侪间的讪笑和戏弄，就毫不避忌地坐在一起，还当着众人面前诉说着彼此小时候如何暗恋对方。半年后，我们终于走在一起。

在旧生聚会中，大家都羡慕我俩说：有情人终成眷属。当然，有一段时间我们也相信是这样，但相处下来，我们吵架的时间愈来愈多，那时候才知道，原来我们彼此恋着的，都只是成长青春中的镜花水月。我以为我真的认识她，正如她也以为她真的了解我，但其实我们了解的，都不过是随着年月积累，逐渐放大之幻象。最终半年后我们因小事吵架而分手。往后一段颇长的时间，她约会旧同学时，都会表明不能叫我，正如有些旧同学约我见面，亦不会叫她一样。

对不起，本该理性回信，却倒像个来信人，忽尔缅怀往时。见谅。

一定程度上我比你好运，因为我和她相遇时，彼此仍是单身（虽各自有伴侣，但男欢女爱，合则来，不合则去），即使幻想被戳破，我们总算还受得了，仿佛像青春祭的最后仪式，总得把它完成，否则不到黄河心不死。

只是毕竟有了孩子，情况就较复杂。我鼓励别人追求幸福生活，虽然有了孩子，但要是跟身边人合不来，还是可以离开。但问题是，这种纠缠多年的青春回忆，会影响你对感情的理性判断。和他一起真的会有未来吗？还是不过为了满足一下青春时期被压抑了的放纵呢？

说到底，要是你爱得够，不用等你先生有外遇才会提出吧？我不打算对你或他妄断什么，我认为你也不可能马上挥慧剑斩情丝。其实时间会告诉你答案，生命中许多事情都是注定遗憾，就让岁月荏苒的那阵啸啸西风，于心灵角落处奏起一曲千古绝唱吧。

如果最终还是得放手，那你又想贪恋到何时？没必要摧毁两个家庭，去满足你俩中学时代的遐想。我较少作出这样的劝告，也许因为我们都是这样长大的，也可以换个说法，我们都是这样不想长大的。放纵过，憋坏过。

附录一：读了《破事儿》想告诉你

彭先生：

我是长沙的一个 Tomboy，排斥与男性恋爱和□□。前天一口气读完《破事儿》，晚上居然做了个和男性□□的梦，第二天下午也居然想买女装，想吸引男性目光了。我兴奋良久。可是到了昨日二十三时我又反悔了，我又不想改变了。因为心理的障碍已有十九年了，想改变却很难，但是起码你的书还让我萌发了思想。以前我想都不会想这个，只想着将来怎么去加拿大定居和女性结婚。

你的书真的有男女平等思想在其中。一岁多因看到父亲暴打母亲而从此对男性厌恶恐惧；五岁多又看到父母以男上女下的姿势做爱，更让自己觉得女性是个被压迫、默默承受的角色。但你的书会让我感到男女平等。

这个社会也是个男权社会，人类文明还不够发达，人们的思想大部分依旧狭隘。有时候被女朋友以不会有结果为名抛弃时真的好迷茫，毕竟在中国社会女同能有结果太难了。大部分时候我就劝自己好好读书，有经济能力才有能力追求幸福。青涩的校园恋爱我尝够了它的甘与苦。

很喜欢你的作品，很喜欢你细心观察品味生活的态度。

Long

Long：

最让我感动的，并不是你喜欢我的作品，而是我的书令你生活和内心尝试过有一点的改动（虽然那改动未必适合你），但起码它让你生活有点变化，我认为一个创作人最渴望见到的，就是他的作品能启发别人去思考各自的人生，不管最后的结果如何，还是会让创作人感到感动。

更难得的，是你在我的书内看出男女平等的思想。说实话，有评论总说我是从男性角度出发，反思不够，但你却感受到不一样的事，谢谢你（虽然你的见解可能要让某些女权分子和那些批评我“讨厌女性”及充满“男性沙文主义”的评论家生气爆血管啦）。希望你过着属于自己的快乐，不管在长沙，或在加拿大。

P.S. 女友下次以没结果为分手理由时，可告诉她，其实在当今社会，不管是同性恋或异性恋，青春爱情许多时候都以没有好结果作终站。一切仿如郁达夫诗中所言：曾因酒醉鞭名马，生怕情多累美人。

彭浩翔

二〇〇九年八月二十日发表于新浪博客

附录二：首载媒体及日期

PWV1	我有恋尸癖！！！ SOS！	2/9/2009 新浪博客及开心网
PWV2	活得累，仍有资格谈梦想吗？	7/9/2009 新浪博客及开心网
PWV3	只带你到酒店开房的亲人	28/9/2009 新浪博客及开心网
PWV4	我外婆杀死过一个女人	1/10/2009 《Cup》
PWV5	自慰是谁都不能剥夺你的天赋人权	5/10/2009 新浪博客及开心网
PWV6	相逢恨晚症候群 (SSMLS)	12/10/2009 新浪博客及开心网
PWV8	都是毒男惹的祸	26/10/2009 新浪博客及开心网
PWV9	请问我究竟是同性恋还是双性恋？	1/11/2009 《Cup》 * 前名：我是同性恋还是双性恋？
PWV10	可以犯贱吗？	8/11/2009 《Pandaa》
PWV11	前任右手想复合　左手搭上 K 房小姐	1/12/2009 《Cup》 * 前名：K 房拯救队
PWV12	校友聚会	8/12/2009 《Pandaa》 * 前名：走投无路的绝望急症
PWV13	不成硬汉便成仁	1/1/2010 《Cup》 * 前名：7 年男友因阳痿而分手
PWV14	秃男心事有谁知	15/12/2009 新浪博客及开心网

PWV15	来自绵阳的十四岁读者	21/12/2009 新浪博客及开心网 * 前名：一个十四岁读者的来信
PWV16	该死的道具	8/1/2010 《Pandaa》
PWV17	你出生，就是为了把初夜献给他	12/1/2010 《城市画报》
PWV18	100 个你所不知道的有关我的盲约经验	14/1/2010 《外滩画报》 * 前名： 100 样你所不知道的有关我的盲约经验
PWV19	报应，在小三转正时才到	21/1/2010 《外滩画报》 * 前名：应，在小三转正后才报
PWV20	如果不爱我，干吗把初夜施舍我？	28/1/2010 《外滩画报》 * 前名：如果她不爱我，干吗要把初夜施舍我？
PWV21	给彭先生道歉	30/1/2010 新浪博客及开心网 * 前名：给彭浩翔先生道歉
PWV22	一说分手就后悔	1/2/2010 《Cup》
PWV23	澳洲热情遇上法兰西寒流	4/2/2010 《外滩画报》
PWV24	爱你爱到杀死你	8/2/2010 《Pandaa》
PWV25	是我小器还是蠢？	8/2/2010 新浪博客及开心网
PWV26	纪念品	11/2/2010 《外滩画报》

PWV27	几乎每个见过我的人都骂过我	25/2/2010 《外滩画报》
PWV28	还有什么能比为尽孝道而劈腿更爽呢？	1/3/2010 《Cup》 * 前名：还有啥能比为尽孝道而劈腿更爽呢？
PWV29	扭捏造作小姐的可爱与忧愁	4/3/2010 《外滩画报》
PWV31	妹，哥对不起你！	11/3/2010 《外滩画报》 * 前名：姐，哥对不起你！
PWV33	总在路上打给我的中邪男	18/3/2010 《外滩画报》 * 前名：总在路上电话我的中邪男
PWV34	有机会看见未来吗？	25/3/2010 《外滩画报》
PWV35	男人最重要的，是他内心世界还是……？	1/4/2010 《Cup》 * 前名：男人最重要的是他内心世界还是床上功夫？
PWV36	我爱老男人	1/4/2010 《外滩画报》
PWV38	I am too good for 二级城市	8/4/2010 《外滩画报》 * 前名：文艺片都没有好的结局？
PWV39	冬夜辗转反侧长叹的处女	12/4/2010 《城市画报》
PWV40	此道不对外传授	15/4/2010 《外滩画报》 * 前名：求婚与逼婚
PWV41	希望你能点开我	22/4/2010 《外滩画报》

PWV42	送了人，还该送礼吗？	29/4/2010 《外滩画报》
PWV43	分手	1/5/2010 《Cup》 * 前名：一边谈分手一边上床
PWV44	递个纸巾就上位	6/5/2010 《外滩画报》
PWV45	明明骑个自行车，却被开了张汽车罚单？	12/5/2010 《城市画报》 * 前名：明明骑的是自行车，却被开了张汽车罚单
PWV46	老婆跑去当人二奶	20/5/2010 《外滩画报》 * 前名：须得你自己去直面排除不堪的怀疑
PWV47	世人都虚伪　我该放弃自我吗？	27/5/2010 《外滩画报》 * 前名：必须放弃自我吗？
PWV49	一个处女给另一位处女的忠告	3/6/2010 《外滩画报》 * 前名：一个处女座对另一个处女座的忠告
PWV50	小六就开始喜欢他	8/6/2010 《Pandaa》 * 前名：小六开始就喜欢他，现在自己还在纠结
PWV51	进一步还是保持原样	10/6/2010 《外滩画报》
PWV52	我是不是很贱？	12/6/2010) 《城市画报》
PWV53	好兄弟之女死女还在？	17/6/2010 《外滩画报》 * 前名：好兄弟的温柔一刀

PWV54	我好吃，但他好饱	24/6/2010 《外滩画报》
PWV55	Barbara 恐惧症	1/7/2010 《外滩画报》
PWV56	憋坏之三年	1/7/2010 《Cup》
PWV57	冷漠正派女暗藏的欲望与疯狂	8/7/2010 《外滩画报》
PWV58	我有足够本事瞒住他俩……	8/7/2010 《Pandaa》
PWV59	不能说的秘密　不能看的乳房	12/7/2010 《城市画报》
PWV60	没人爱会影响社会安定吗？	15/7/2010 《外滩画报》

图书在版编目（CIP）数据

爱的地下教育 / 彭浩翔著． -- 兰州 ： 甘肃人民美术出版社， 2011.5

ISBN 978-7-80588-911-5

Ⅰ．①爱… Ⅱ．①彭… Ⅲ．①杂文集－中国－当代 Ⅳ．① I267.1

中国版本图书馆 CIP 数据核字（2011）第 075007 号

爱的地下教育

彭浩翔 著

责任编辑：马吉庆
装帧设计：typo_design

出版发行：甘肃人民美术出版社
地　　址：兰州市南滨河东路 520 号
邮　　编：730030
电　　话：0931–8773224
0931–8773148（编辑部）
0931–8773269（发行部）
E – mail：Gsart@126.com
网　　址：http://www.gansuart.com

印　　刷：北京慧美印刷有限公司
开　　本：787mm × 1092mm　1/32
印　　张：8.5
字　　数：130 千
版　　次：2011 年 6 月第 1 版
印　　次：2011 年 6 月第 1 次印刷
书　　号：ISBN 978-7-80588-911-5
定　　价：22.00 元